JN326053

高山正也・植松貞夫　監修
現代図書館情報学シリーズ…5

情報サービス論

［編集］山﨑　久道
　　　　大庭　一郎
　　　　渋谷　嘉彦
　　　　杉江　典子
　　　　原田　智子
　　　　松下　　鈞
　　　　村上篤太郎
　　　　　共著

樹村房

監修者の言葉

　わが国に近代的な図書館学が紹介されたのは19世紀末頃と考えられるが，図書館学，図書館情報学が本格的に大学で教育・研究されるのは1950年に成立した図書館法による司書養成制度を受けての1951年からであった．それから数えても，既に半世紀以上の歴史を有する．この間，図書館を取り巻く社会，経済，行政，技術等の環境は大きく変化した．それに応じて，図書館法と図書館法施行規則は逐次改定されてきた．その結果，司書養成科目も1950年の図書館法施行規則以来数度にわたって改変を見ている．

　それは取りも直さず，わが国の健全な民主主義発展の社会的基盤である図書館において，出版物をはじめ，種々の情報資源へのアクセスを保証する最善のサービスを提供するためには，その時々の環境に合わせて図書館を運営し，指導できる有能な司書の存在が不可欠であるとの認識があるからに他ならない．

　2012(平成24)年度から改定・施行される省令科目は，1997年度から2011年度まで実施されてきた科目群を基礎とし，15年間の教育実績をふまえ，その間の図書館環境の変化を勘案し，修正・変更の上，改めたものである．この間に，インターネット利用の日常生活への浸透，電子メールやツイッター，ブログ等の普及，情報流通のグローバル化，電子出版やデジタル化の進展，公的サービス分野での市場化の普及などの変化が社会の各層におよび，結果として図書館活動を取り巻く環境や利用者の読書と情報利用行動等にも大きな構造的な変化をもたらした．この結果，従来からの就職市場の流動化や就業構造の変化等に伴い，司書資格取得者の図書館への就職率が大きく低下したことも率直に認めざるを得ない．

　このような変化や時代的要請を受けて，1997年版の省令科目の全面的な見直しが行われた結果，新たな科目構成と単位数による新省令科目が決定され，変化した図書館を取り巻く環境にも十分適応できるように，司書養成の内容が一新されることとなった．そこで，樹村房の「新・図書館学シリーズ」もその改定に合わせ内容を全面的に改編し，それに合わせて，「現代図書館情報学シリーズ」と改称して新発足することとなった．

「図書館学シリーズ」として発足し，今回「現代図書館情報学シリーズ」と改めた本教科書シリーズは，幸いにして，1981(昭和56)年の創刊以来，樹村房の教科書として抜群の好評を博し，実質的にわが国図書館学，図書館情報学の標準的教科書として版を重ねてきた実績をもつ。これもひとえに，本シリーズをご利用いただいた読者各位からのご意見やお励ましと，執筆者各位の熱意の賜物と考えている。

　監修にあたって心がけたのは，この「現代図書館情報学シリーズ」で司書資格を得た人たちが図書館で働き続ける限り，その職能観の基礎として準拠しうる図書館情報学観を習得してもらえる内容の教科書を作ろうということであった。すなわち，「図書館学は実学である」との理念のもとに，アカデミズムのもつ概念的内容とプロフェッショナリズムのもつ実証的技術論を融合することであった。そのこと自体がかなり大きな課題となるとも想定されたが極力，大学の学部課程での授業を想定し，その枠内に収まるように，その内容の広がりと深さを調整したつもりである。一方で，できる限り，新たな技術や構想等には配慮し，養成される司書が将来志向的な視野を維持できるよう努力したつもりでもある。これに加えて，有能な司書養成のために，樹村房の教科書シリーズでは各巻が単独著者による一定の思想や見方，考え方に偏重した執筆内容となることを防ぐべく，各巻ともに，複数著者による共同執筆の体制をとることで，特定の思想や価値観に偏重することなく，均衡ある著述内容となることをこのシリーズにおいても踏襲している。

　本シリーズにおける我々の目標は決して学術書として新規な理論の展開を図ることではない。司書養成現場における科目担当者と受講者の将来の図書館への理想と情熱が具体化できる教材を目指している。その意味で，本シリーズは単に司書資格取得を目指す学生諸君のみならず，現職の図書館職員の方々や，図書館情報学を大学(院)等で研究する人たちにも役立つ内容をもつことができたと自負している。読者各位からの建設的なご意見やご支援を心からお願い申し上げます。

　　　2011年2月

監修者

序　文

　近年におけるIT（情報技術）やインターネットの発達には，目を見張るものがある。ここ20年ほどの間に，インターネット，携帯電話，パソコンなどの利用が人々の間で，日常化してきたのである。そして，インターネットは検索エンジンの普及を伴って，生活者や研究者の情報収集行動を，これまでとは一変させた。かつて，書籍，雑誌，新聞といった紙媒体の資料に頼って，必要な情報を集めていた人たちが，一斉に，ネットによる情報入手に向かったのである。従来，図書館を利用していた人たちの中にも，こうした傾向が生じているものと思われる。

　そうした環境の中で，図書館における情報サービスは，難しいかじ取りを迫られている。図書館の業務やサービスが，資料提供のみでなく，情報提供にも軸足を置いて，より機動的で充実したサービスを求められる一方，強大な検索エンジンと競合して，そこでは得られない付加価値の高いサービスを提供してゆかなければならなくなったのである。

　もちろん，資料や情報を求める利用者にとって，検索エンジンによる情報収集と図書館のレファレンスサービスの活用とは，いろいろな面で異なっている。入手できる情報の信頼性の質は，その中の重要な点であると思われる。しかし，インターネットの登場によって，図書館利用者である一般の人々の情報入手法の選択肢は，まぎれもなく拡大したのである。こうした傾向は，ITの進化やその応用の拡大でますます，その進行を速めている。

　こうした環境下で「情報サービス論」の教科書を編むことは，なかなかに困難な作業である。急速な技術進歩や社会変化と，図書館サービスのあり方との調和・発展を図ることが簡単ではないのである。この教科書で紹介したサービス方法が2，3年後には陳腐化していることも考えられる（実際には，革命的なサービスが出現して，一夜にして状況が変わってしまうこともありえよう）。

　このような中で，大切なことは，図書館をめぐる環境条件を把握する力と，そこにおいて適切な情報サービスを構想・評価してゆく思考力であるように思われる。文部科学省による今回の「図書館に関する科目」の報告書の中の，

「情報サービス論」の概要説明において，真っ先に「図書館における情報サービスの意義を明らかにする」ことを求めているのも，この点と符合するものであると思われる。

　本書は，「情報サービス論」における基本的なポイントとその広がりについて，理解していただけるように作成したつもりである。それぞれの分野で研究や実務において経験の深い方々に，担当執筆していただいた。そのため，専門的な内容を理解しやすく表現していただけたと考えられる。全体の編集・調整には，山﨑が当たったが，上記のような困難に加え，自らの浅学菲才のため，全体として十分な成果が出ているか忸怩たるものがある。

　編集過程では，監修の高山，植松両先生と樹村房の大塚社長には，一方ならずお世話になりました。厚くお礼申し上げます。

　2012年3月7日

編集責任者　山﨑　久道

情報サービス論
も　く　じ

監修者の言葉　iii
序文　v
はじめに　xiii

1章　情報社会と図書館 ―――――――――――――――1
　1．情報社会とは何か ………………………………………………1
　　（1）IT（情報技術）の急速な発達　　1
　　（2）インターネットによる革命的変化　　3
　　（3）情報に価値を見出す社会の出現　　5
　　（4）高まる情報の重要性　　6
　2．図書館の果たす役割 ……………………………………………7
　　（1）情報爆発か，情報洪水か　　7
　　（2）「情報の目利き」の必要性　　9
　　（3）「情報の仲介者」というもの　　11
　　（4）貸出中心の図書館から，調査や研究もできる図書館へ　　12

2章　図書館による情報サービスの意義と実際 ――――15
　1．情報サービス機関による情報サービス ……………………15
　　（1）情報サービスの意義　　15
　　（2）社会の中の情報サービス　　16
　2．図書館による情報サービスの意義と構成要素 ……………18
　　（1）図書館が情報サービスを提供する意義　　18
　　（2）情報サービスを構成する要素　　20
　3．情報サービスを構成するさまざまなサービス ……………24
　　（1）直接的サービス　　24
　　（2）間接的サービス　　33

4．各種図書館と情報サービス ………………………………………… 37
　　　（1）公共図書館　*37*
　　　（2）大学図書館　*38*
　　　（3）専門図書館　*38*
　　　（4）学校図書館　*39*

3章　レファレンスサービスの理論と実際—1
　　　情報探索行動とレファレンスプロセス ………………………………… 41
　　1．レファレンスプロセスとは何か ……………………………………… 41
　　　（1）レファレンスプロセスの概念　*41*
　　　（2）レファレンスプロセスのモデル　*43*
　　2．利用者の情報探索行動と情報要求の構造 ………………………… 44
　　　（1）図書館における情報探索行動　*44*
　　　（2）利用者の情報要求の構造　*46*
　　3．レファレンスプロセス ………………………………………………… 49
　　　（1）レファレンス質問の受付　*49*
　　　（2）質問内容の明確化　*51*
　　　（3）質問内容の分析と解釈　*53*
　　　（4）探索方針の決定と探索の実行　*57*
　　　（5）レファレンス質問の回答　*58*
　　　（6）レファレンスインタビュー　*61*

4章　レファレンスサービスの理論と実際—2
　　　レファレンスサービスの実施にかかわる具体的問題 ………………… 66
　　1．レファレンスサービスの企画と実施 ………………………………… 66
　　　（1）レファレンスサービスの実施と経営資源　*66*
　　　（2）レファレンス資料の組織化　*73*
　　2．レファレンスサービスの組織と担当する人材 ……………………… 76
　　　（1）レファレンスサービスの運営と組織　*76*
　　　（2）レファレンスサービス担当者の職務と研修　*77*

（3）レファレンスサービスの事例の活用の意義　　84
　3．レファレンスサービスの評価　　86
　　　（1）経営管理の問題　　86
　　　（2）サービス評価の問題点　　88
　　　（3）レファレンスサービスの効果の測定　　90
　4．レファレンスサービスの現状と課題　　93
　　　（1）現在のレファレンスサービスに関する問題　　93
　　　（2）デジタルレファレンスサービス　　96
　　　（3）レファレンスサービスの今後　　97

5章　情報検索とは何か　　100

　1．情報検索の種類　　101
　　　（1）マニュアル検索とコンピュータ検索　　101
　　　（2）遡及検索とカレントアウェアネス検索　　102
　　　（3）書誌情報検索とファクト検索　　104
　　　（4）自然語検索と統制語検索　　104
　　　（5）索引ファイル照合検索と全文検索　　105
　　　（6）概念検索と連想検索　　107
　2．情報検索の流れ　　108
　3．情報検索の理論　　112
　　　（1）3種類の論理演算と論理演算子　　113
　　　（2）トランケーション　　114
　4．情報検索結果の評価　　116
　　　（1）顧客満足度　　117
　　　（2）再現率と精度　　117
　5．データベースの定義と種類　　119
　　　（1）データベースの定義　　119
　　　（2）データベースの種類　　120
　6．文献データベース構造と索引作業　　122
　　　（1）文献データベースの構造とレコード　　122

（2）文献データベースと索引作業　123
　7．Webサイトの構造とインターネット検索の仕組み　127
　　　（1）WebサイトとWebページ　127
　　　（2）インターネット検索　127
　　　（3）検索エンジンの種類　128
　　　（4）検索エンジンを使用して検索するときの注意事項　131
　　　（5）検索エンジン以外による検索　132
　8．検索技術と情報専門家の役割　133
　　　（1）情報検索を行う際に必要な技術　133
　　　（2）情報専門家の役割　134

6章　発信型情報サービスの展開　136
　1．発信型情報サービスの登場　136
　　　（1）発信型情報サービスとは何か　136
　　　（2）図書館Webを利用した発信型情報サービスメニュー　137
　2．図書館Webを利用した発信型情報サービスの先駆的事例　140
　　　（1）次世代OPAC　140
　　　（2）マイライブラリ機能　141
　　　（3）デジタルアーカイブ　143
　　　（4）機関リポジトリ　144
　　　（5）主題情報　147
　3．図書館Webを利用した発信型情報サービスの課題と展望　149
　　　（1）課題　149
　　　（2）展望　150

7章　利用者教育の現状と展望　152
　1．利用者教育とは　152
　2．利用者教育の歴史的発展　153
　　　（1）米国における発展　153
　　　（2）情報環境の変化への適応　157

（3）「場」としての図書館　　157
　3．利用行動の変化 ··· 158
　4．わが国における利用者教育の展開 ······································ 159
　　（1）1960年代から1970年代　　159
　　（2）「調べ学習」の場としての学校図書館　　160
　　（3）大学図書館への期待　　161
　　（4）公共図書館における利用者教育　　163
　5．さまざまな利用者教育の展開 ·· 164
　　（1）オリエンテーション　　165
　　（2）バーチャル・ライブラリー・ツアー　　166
　　（3）情報探索法指導（文献探索）　　166
　　（4）データベース・ガイダンス　　167
　　（5）パスファインダー　　168
　　（6）情報表現法指導　　169
　　（7）セルフ・チュートリアル　　170
　6．今後の課題と展望 ·· 171

8章　各種情報源の特徴と利用法 ─────────── 173
　1．情報サービスにおける情報源の多様化 ······························· 173
　2．情報サービスにおける各種情報源の特徴 ··························· 175
　　（1）レファレンスブック　　175
　　（2）データベース　　177
　　（3）インターネット上の情報　　181
　3．情報サービスにおける各種情報源の利用法 ······················· 185
　　（1）文献・情報探索の概念図　　186
　　（2）図書情報の探索　　190
　　（3）雑誌情報の探索　　192
　　（4）新聞記事の探索　　194
　　（5）専門的な情報の探索　　195
　　（6）レファレンス事例集　　197

4．情報サービスにおける各種情報源の最新動向を学ぶために …………*201*

参考文献　*203*
さくいん　*205*

【本書の執筆分担】
1章　山﨑久道　　2章　杉江典子
3章　渋谷嘉彦　　4章　山﨑久道
5章　原田智子　　6章　村上篤太郎
7章　松下　鈞　　8章　大庭一郎

はじめに

本書の構成は，以下のようになっている。

(1) 図書館をめぐる環境変化，とくに情報社会の状況を説明し（1章），その中において図書館が情報サービスを行う意義を述べる（2章）。
(2) 図書館において情報サービスを行う意義を明らかにし，情報サービスの種類と特徴について説明する（2章）。
(3) 情報サービスの中心をなすレファレンスサービスについて，その理論的側面を説明する（3章）。
(4) レファレンスサービスについて，運用の方法や問題，および現在の課題について述べる（4章）。
(5) 近年の情報サービスにおいて重要な位置を占めるデータベースを用いた情報検索について説明する（5章）。
(6) 情報サービスにおいて利用する情報資源について，その特質や構成と種類を説明する（8章）。
(7) 今後の情報サービスの展開の方向として，発信型情報サービスと利用者教育についてその動向を説明する（6，7章）。
注記：情報サービスの最近の重要な動向として，図書館の利用者に対する，図書館や図書館で提供されているサービス，あるいは各種のデータベース，電子ジャーナル等の使い方についての教育に注力していることがある。本書でも，7章はじめ，2章などでこの問題を扱っている。こうした教育のことは，利用教育（instruction），利用者教育（user education），図書館利用教育（library use education）などのさまざまな言葉で呼ばれており，確定的な呼称に統一されていないのが現状と思われる。本来，テキストとしては，統一を図るのが順当であると思われるが，こうした事情を踏まえ，特にこの用語については，各章執筆者の意図を生かして，そのままとすることにした。ここに挙げた各用語は，ほぼ同じような意味を示していると理解していただきたい。

以上を図示すると，次頁の図のとおりである。

[本書の構成図]

情報社会と図書館　1章, 2章1節
- 図書館の果たす役割
- 情報機関の情報サービス

図書館における情報サービスの枠組みや理論　2章2-4節, 3章
- 情報サービスを構成するサービス（直接的サービス, 間接的サービス）
- 各種図書館とレファレンスサービス
- レファレンスプロセス
- 利用者の情報探索行動

情報検索の理論と実践　5章
- 情報検索の流れ
- 情報検索の理論
- 情報検索結果の評価
- データベースの定義と種類
- 文献データベースの構造と索引作業
- Webサイトの構造とインターネット検索
- 検索技術と情報専門家の役割

図書館における情報サービスの実践　4章, 8章
- レファレンスサービスの企画と実施
- レファレンスサービスの組織と担当する人材
- レファレンスサービスの評価
- レファレンスサービスの現状と課題
- 情報サービスにおける情報源の多様化
- 情報サービスにおける各種情報源の特徴
- 情報サービスにおける各種情報源の利用法
- 情報サービスにおける各種情報源の最新動向

図書館における情報サービスの新たな方向　6章, 7章
- 発信型情報サービスの登場
- 図書館Webを利用した発信型情報サービスの先駆的事例
- 図書館Webを利用した発信型情報サービスの課題と展望
- 利用者教育とは
- 利用者教育の歴史的発展
- 利用行動の変化
- わが国における利用者教育の展開

1章　情報社会と図書館

1．情報社会とは何か

（1）IT（情報技術）の急速な発達

　私たちの暮らしや仕事においては，コンピュータやインターネットなどの情報技術が欠かせないものになっている。図書館を取り巻く環境は，情報技術の急激な進展や規制緩和などの社会変革，そして価値観の多様化などの社会を構成する個人の意識の変容などの影響を受けて，大きく変わりつつある。したがって，図書館や情報サービスの今後のあり方を考える上で重要なことは，図書館をめぐる環境変化の方向を見極めることである。

　最初に，情報技術の進展を具体的に現す，さまざまな情報メディアの発達ぶりを見てみよう（1-1表参照）。

　この表では，情報メディア（とそれに類するもの）を16種類選択し，それぞれについて三つの時点（1998年，2003年，2008年）の実績値とその指数（1998年を100とした）を示している。実績値としては，相互比較に便利なようにできるだけ金額を利用した。

　1-1表から推測されることは，いくつかある。

　第一に，今日では，情報を運ぶメディアとしての情報メディアに，実に多種多様なものがあるということ。「書籍」「雑誌」「新聞」などのように，紙の印刷物がある。これらは，活字メディアといわれることもある。一方，ビデオソフト，オーディオレコード，カラオケ，テレビなどのように，主に映像，音楽を提供するメディアがある。また，インターネット，電話などのように，人間同士のコミュニケーションを可能にするメディアもある。今の社会には実に多種類のメディアが存在するという，「メディアの多様性」である。

1-1表　情報メディアの動向

項目	単位	実績値 1998	実績値 2003	実績値 2008	指数 1998	指数 2003	指数 2008	
書籍発行	億円	17,119	14,793	14,817	100	86	87	
雑誌発行	億円	21,645	19,166	17,807	100	89	82	
新聞販売収入	億円	12,927	12,640	12,308	100	98	95	
劇映画興行収入	億円	1,709	2,033	1,948	100	119	114	1998年データはなく，2000年
映画ビデオソフト市場（レンタル＋セル）	億円	4,439	5,276	5,209	100	119	117	
オーディオレコード生産金額	億円	6,075	3,997	2,961	100	66	49	アナログレコード，CD，カセットテープ等の合計
カラオケ	億円	10,982	7,851	6,899	100	71	63	
音楽配信	億円	958	1,129	1,773	100	118	185	1998年データはなく，2002年
地上波テレビ営業収入（NHK＋民放）	億円	28,312	29,548	28,981	100	104	102	1998年データはなく，1999年
ケーブルテレビ放送収入	億円	2,244	3,330	4,667	100	148	208	1998年データはなく，1999年
ビデオゲーム市場（ソフト＋ハード）	億円	6,586	4,462	6,580	100	68	100	
アニメ市場	億円	1,651	1,903	2,129	100	115	129	劇場用＋テレビ用＋ビデオソフト用＋ネット配信用
インターネット利用者数	万人	5,593	7,730	9,011	100	138	161	1998年データはなく，2001年
通信販売売上高	億円	23,900	27,900	41,400	100	117	173	1998年データはなく，2000年
電話通信事業売上高（第一種＋第二種）	億円	164,971	161,403	154,251	100	98	94	1998年データはなく，1999年
移動通信市場（携帯電話）	億円	59,822	90,445	90,108	100	151	151	

(電通総研編『情報メディア白書2010』ダイヤモンド社，より作成)

　第二に，メディアによって伸張しているものと，停滞，衰退しているものとがあるということ。印刷メディアは，少しずつではあるが，市場規模が縮小し，「音楽配信」「ケーブルテレビ」「インターネット」などの電子メディアは顕著

な伸びを示している。つまり、メディア間の伸び率の相違が存在するということである。一口でいうと、印刷物が王座を占めた時代は確実に変容しつつあるということである。

　第三に、個人の持つコミュニケーション手段が新しく現れつつあるということ。インターネットや携帯電話の進展は、そのことを示している。

　これが、図書館をめぐる環境、いや図書館の「利用者」をめぐる環境になっている。これは、より広くは、一般の人々を取り巻く情報環境といってもよい。おそらく、メディア利用における家庭と仕事場の差が少なくなっている。かつて、コンピュータは、企業などでのみ使われる"高級な"機械であったが、現在のパソコンなどは、耐用年数に縛られる組織での利用よりも、家庭の方に最新鋭機が入っていることも珍しくない。

　このように、社会生活を取り巻く情報環境が大きく変化しているのである。図書館が、このような状況から離れて、印刷物がすべてであったような時代のサービス運用を行っていては、利用者のニーズから遊離した存在になりかねない。図書館における情報サービスを考える場合、まずは、このことを念頭に置く必要がある。

（2）インターネットによる革命的変化

　前項で言及した情報メディアの中で、図書館の情報サービスともっとも関連が深いと思われるのは、インターネットである。わが国のインターネットの利用頻度を見ると、以下のようになっている。

1-2表　インターネットの利用頻度（2008年末、単位％）

	パソコン	携帯電話
毎日少なくとも1回は利用	47.3	49.8
週に少なくとも1回は利用	28.1	16.7
月に少なくとも1回は利用	12.4	8.2
それ以下	8.2	12.2
無回答	4.0	13.1

（電通総研編『情報メディア白書2010』ダイヤモンド社，p.189より）

半数の人々が，毎日インターネットにアクセスしている。このように強力な情報メディアは，印刷物以外には，これまでなかった。さらに，インターネットの特徴は，携帯電話からでも使える手軽さである。

では，人々はインターネットを使って，何をしているのであろうか（1-3表）。

1-3表　インターネット利用の目的・用途（2008年末）

(%)

	パソコン	携帯電話
1. 企業・政府等のホームページ・ブログの閲覧	56.8	13.6
2. 電子メールの受発信（メールマガジンは除く）	49.1	54.5
3. 個人のホームページ・ブログの閲覧	47.4	16.3
4. 商品・サービスの購入・取引（金融取引を除く）	45.5	30.1
5. 地図情報提供サービス（有料・無料を問わない。乗換案内，ルート検索サービスも含む）	36.8	14.0
6. メールマガジンの受信（有料・無料を問わない）	22.1	15.3
7. デジタルコンテンツ（音楽・音声，映像，ゲームソフト等）の入手・聴取	19.4	21.8
8. インターネットオークション	18.1	5.3
9. 電子掲示板（BBS），チャットの閲覧	13.0	6.1
10. 金融取引（ネットバンキング，ネットトレード等）	12.6	3.3
11. アンケート回答	11.3	4.8
12. クイズ・懸賞応募	10.1	5.5
13. 電子ファイルの交換・ダウンロード（P2P, FTP など）	9.0	1.9
14. オンラインゲーム（ネットゲーム）への参加	8.2	4.2
15. 就職・転職関係（求人情報入手，採用応募等）	7.5	2.6
16. 電子掲示板（BBS）への書き込み・チャットへの参加	7.0	3.8
17. ソーシャルネットワーキングサービス（SNS）への参加	5.1	3.0
18. ブログの開設・更新	5.0	2.1
19. ホームページ（ブログは除く）の開設・更新	4.7	1.0
20. 電子政府・電子自治体の利用（電子申請，電子申告，電子届出）	4.4	0.0
21. 通信教育の受講（e-ラーニング）	3.0	0.1
22. 在宅勤務（テレワーク，SOHO）	0.8	0.0
23. 3D仮想空間（「SecondLife」，「splume」等）の利用	0.7	0.1
24. メールマガジンの発行	0.7	0.6
25. その他	5.2	2.7

（電通総研編『情報メディア白書2010』ダイヤモンド社，p.189より）

実に多様な活動をネット上で行っている。このうち，情報サービスの利用という面で見ると，1.企業・政府等のホームページ・ブログの閲覧，3.個人のホームページ・ブログの閲覧，6.メールマガジンの受信（有料・無料を問わない），7.デジタルコンテンツ（音楽・音声，映像，ゲームソフト等）の入手・聴取，9.電子掲示板（BBS），チャットの閲覧などが，該当する。これ以外の行為も，情報収集のプロセスを含んでいるものが多い。インターネット利用によって，情報サービスの提供と利用は大きく変化していると見るべきである。

（3）情報に価値を見出す社会の出現

人々が天気予報という情報を聞いて，傘を持って出かけるかどうかという行動の仕方を決めることからもわかるように，情報は，私たちの「行動の指針」となっている。つまり，「適切な情報に基づいて行動すれば良い結果」をもたらすが，「不適切な情報に基づけば，悲惨な目に遭う」ということになる。このことは，個人にとって真であることはもちろん，企業などの組織にとっても当てはまる。そして，これだけ世の中が複雑化し，皆がお互いに依存し合う関係になってくると，一つの情報のある・なしやその真偽が，思いもよらぬ重大な影響をもたらすようになる。

それとともに，世の中で，情報の占める地位が大きくなっている。情報の価値に対する認識が変ってきたといってもよい。たとえば，私たちになじみ深いTシャツの販売価格を考えてみよう。一般に，Tシャツは，1枚当たり1,000円とか2,000円とかで売られている。Tシャツのように，繊維素材を加工して服などにしたものを繊維製品と呼んでいる。繊維製品というからには，そのお金は，繊維（つまり素材）に対して支払われているように考えてしまう。しかし，Tシャツのような布きれが，そんなに高いわけがない。

Tシャツのコストの相当の部分は，そこに印刷されたキャラクターやロゴマークなどのデザイン料ではないだろうか。このキャラクターやマークというのは，明らかに情報である。何の変哲もないTシャツが，いろいろな価格帯で売られるのは，そこに含まれる情報の差によってであることが分かる。最近インターネット上で行われているオリジナルTシャツの作成にしても，素材であるボディーに加えて，製版代やプリント代がかかり，この部分が相当なウェイト

を占めている。こうしてみると，Tシャツは，繊維製品でなく情報製品であるということになる（このあたりの議論は，梅棹忠夫が，ネクタイを例に展開している[1]）。

　同じようなことは，いわゆるブランド品についてもいえるであろう。バッグ一つとっても，単なる素材や機能の差だけであれだけの価格差がつくとは思えない。ここにもやはり，ブランド品の持つ情報的部分が大きく作用していることが考えられる。つまり，ブランドという情報の持つ機能が，所有者に満足感や優越感を与えることが予定され，そのことが価格に反映していると見られる。

（4）高まる情報の重要性

　さらに，宅配便というサービスも，もはや，単に物を運ぶサービスだとだけいって済ませるわけには行かない。宅配便会社は，どのトラックがどの客の荷物を運んで，今どこを走っているかをコンピュータと通信システムで管理していて，そのきめ細かな対応結果が，情報として利用者に提供されている。さらに，そうしたシステムをベースに，配達日時も利用者が指定できる。実はこの点が，宅配便サービスの重要な付加価値になっている。この部分は，「運送機能」というより「情報機能」と呼んでもよい。

　同じようなことは，コンビニエンスストア（コンビニ）についても当てはまる。コンビニも，単に商品を陳列して販売しているだけではない。そこでは，売れた商品の種類，銘柄，数量を即座にコンピュータに入力し，それを本部に通信システムで送り，次に何を仕入れるかの参考にするといったＰＯＳ (Point of Sale：販売時点情報管理) システムを運用している。さらに進んで，周辺の天候やイベント情報と組み合わせることにより，購買動機の解明とそのマーケティングへの応用に至るまでを，展開している。これは，まさに情報の高度利用であり，もはや小売業というより，情報処理業と呼んでもさしつかえないと思われる。

　そして，「ものづくり」を行うメーカーにしても，製品開発の際に，どの程度，顧客からのクレームや意見をそこに反映できるかが勝負になってきている。

1：梅棹忠夫. 情報の文明学. 中央公論社, 1988, p.114-116.

そのため，インターネットによる顧客の意見の収集窓口を設置し，集めた感想・意見・クレームなどをデータベースに構築して，それらを今後の営業や開発に，どのように活用するかが非常に重要になってきている。また，世の中に流通している特許情報などのさまざまな技術情報を把握し，新しい技術開発や商品開発の参考にしていかなければ，企業の安定的な利益確保は難しい。

　サービス業においては，事情はいっそう徹底している。鉄道，航空などの輸送サービスにおいては，座席予約システムがサービスの根幹に位置しているし，銀行などの金融サービスなどでは，インターネットバンキング（インターネットを介した銀行取引）が重要なサービスに成長しつつある。このようにサービス業にあっては，情報は重要な商品の一部，もしくは付加価値の源泉であるから，その重要性は製造業よりも劣るということはない。サービス業も製造業も，情報を効果的に扱う企業は成功するというべきであろう。

　さらに，情報の威力を直接に発揮している業種もある。たとえば，海外の民間企業である格付け会社の一片の情報，特にそれが格付けの下方シフトを示すものである場合は，極端な場合，当該企業の命運を決することがあるのである。

　こうしてみると，情報は，それ自体が社会を動かし，企業にあっては利益の源泉になってきている。情報の重要性は，かつてないほどに高まってきている。

2．図書館の果たす役割

（1）情報爆発か，情報洪水か

　ところで，人々はGoogleやYahoo!を使って何を探しているのであろうか。インターネット上には，ありとあらゆる情報があふれんばかりに存在するが，人々が日常的に検索している情報の内容には，一定の傾向があるように思われる。検索エンジンの「攻略本」の一つを見ると，次頁のような項目が挙げられている[2]。

2：Web 研究会．Google & Yahoo! JAPAN 完全利用術．永岡書店，2007，255p．

1-4表　検索エンジンで人々が探している情報項目

単語の意味	公式サイトの一発検索	風景画像	渋滞情報
製品の価格	関連ページ	イメージ検索	病院，薬の情報
料理レシピ	「吉本バナナ」	ニュース	災害速報
エラーメッセージ	英単語の意味	地図	資格スクール探し
キヤノンとニコン	クロネコヤマトの配達状況	街情報	不動産物件
「HP改竄」と「HP改ざん」のOR検索	特定会社の情報，特定銘柄の株価情報	ニュースグループへの投稿	動画
「プラズマ」から「テレビ」を除外	乗り換え検索	カテゴリー検索	音楽
「個人株式投資」	会場へのアクセス	メール検索	商品
「IT」	特定サイトへのリンク	ブログ検索	旅行
「ベニスに死す」	特定アドレス	天気予報	政治家の政見

これを分類すると，以下のようになる。

1-5表　検索エンジンで人々が探している情報項目（分類したもの）

固有名詞，単語の完全一致	概念からの検索	その他
単語の意味	エラーメッセージ	動画
製品の価格	「HP改竄」と「HP改ざん」のOR検索	音楽
料理レシピ	「プラズマ」から「テレビ」を除外	
キヤノンとニコン	「個人株式投資」	
「ベニスに死す」	「IT」	
公式サイトの一発検索	風景画像	
関連ページ	カテゴリー検索	
「吉本バナナ」	商品	
英単語の意味	旅行	
クロネコヤマトの配達状況		
特定会社の情報，特定銘柄の株価情報		
乗り換え検索		
会場へのアクセス		
特定サイトへのリンク		
特定アドレス		
イメージ検索		
ニュース		
地図		
街情報		
ニュースグループへの投稿		
メール検索		

ブログ検索
天気予報
渋滞情報
病院, 薬の情報
災害速報
資格スクール探し
不動産物件
政治家の政見

　これを見ると，圧倒的に固有名詞や単語の完全一致を目標とする検索テーマが多い。こうしたテーマについて検索する場合，図書館分類法などの分類は，効果的活用を期し難い。しかも，かつてカテゴリー検索をメインにおいていたYahoo! も，現在では，Google のように単語入力による検索をファーストステップに位置づけている。このことは，ネット検索において，現在では分類法が主たる位置を占めていないことを示している。

　情報の利用者は，情報の探索・収集にあたって，インターネット出現前までとは比べものにならないほど多くの選択肢を持つようになったのである。したがって，図書館や図書館による情報サービスを全く利用しないような人々が出現しつつある。インターネットが情報の利用者に広く普及するようになると，利用者の情報収集はインターネットから行われる割合が高くなり，その分，図書館や図書館員などに依存する度合いが低下してくると考えられる。

(2)「情報の目利き」の必要性

　前項で述べたように，図書館をめぐる環境変化のうち，もっとも劇的なものは，資料・情報のデジタル化やネットワークの発展と，その結果としての利用者をめぐる情報流通ルートの変革であろう。1-1図のように，変化が起こったのである。

　これは，簡単にいうと，従来，図書館は図書・雑誌などの資料を入手してそれをほぼ直接，利用者に提供していた（①のルート）。これに対し，情報技術の発展の初期段階では，インターネットのような網羅的で手軽な情報メディアが存在しなかったので，図書館は情報技術（商用データベース，CD-ROMなど）を経由して提供される情報を利用者に仲介・提供していた（②のルート）。

10 | 1章　情報社会と図書館

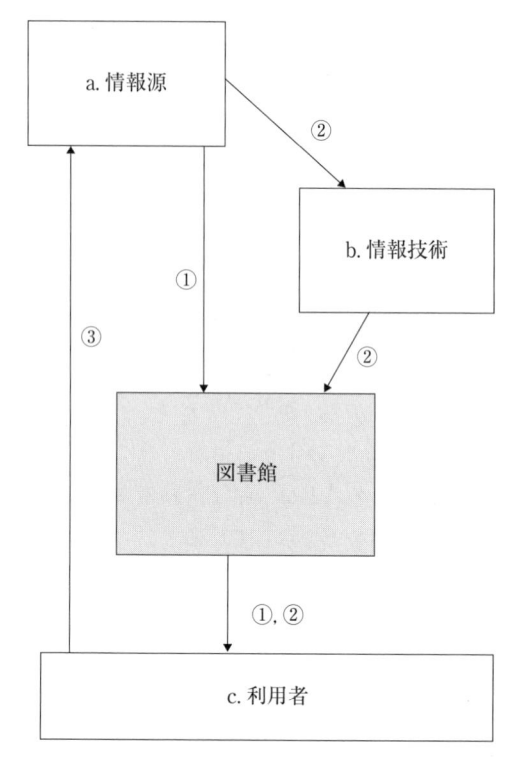

(山﨑久道『専門図書館経営論：情報と企業の視点から』日外アソシエーツ，1999, p.145 を改変)
1-1図　図書館を中心とした情報流通の変化

　しかしながら，インターネットが一般の利用者に広く普及するようになると，利用者の情報収集はインターネットから行われる割合が高くなり，その分，図書館への依存度が低下する。インターネット上で情報を提供するのは，かつてのデータベース・デストリビューター[3]ではなく，データベースのプロデューサーである[4]。このようにして，利用者がダイレクトに情報源にアクセスするという新しいルートが生まれている（③のルート）。

3：database distributor. ベンダー（vendor）と呼ばれることも多い。DIALOG, STN はその例である。
4：情報の生産者が直接に消費者（利用者）と結びつくのは，インターネットを通じた商取引の一般的特徴である。

このようにして，情報の利用者が直接自分で情報資源にアクセスするという新しいルートが生まれ，その速度がますます増しているのが現状である。このルートが支配的になると，情報流通の仲介者としての図書館や図書館員などの情報専門家は，その地位を弱体化させることになる[5]。

　現在の状況は，個人がインターネットや携帯電話で，自分の好むままに自己流のやり方で情報を集めて，図書館に依存しないケースが急増しているものと思われる。しかし，その中で本当に量的・質的に十分な情報が得られているのであろうか。一方では，情報の大海に溺れて，助けを求めている人々が存在することも事実のように思われる。あふれる情報の中で，自分のニーズにあった情報を質的・量的に満足すべきレベルで，提供してくれるような，いわば「情報の目利き」とでもいうべき人々の存在が必要とされているといえよう。

(3)「情報の仲介者」というもの

　図書館の役割は，その「情報の目利き」でもある。それは，以下のような理由からである。

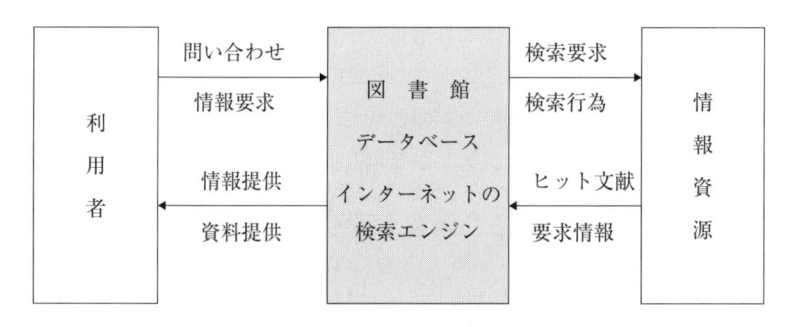

1-2図　図書館の役割

　1-2図で示しているのは，以下のような過程である。
(1)　情報の利用者は，情報収集上についての問い合わせやどんな情報がほしいかという要求を，図書館に提出する。

5：山﨑久道．専門図書館経営論：情報と企業の視点から．日外アソシエーツ，1999, p.143–146.

(2) 図書館は,「問い合わせ」や「情報要求」を受け取って,その内容を見たうえで,それにもっともふさわしい回答を,存在する情報資源の中から探し出す。このとき,利用者の問い合わせや情報要求を,情報資源への検索要求に変換する。
(3) 検索要求に基づいて,情報資源を探索する。
(4) 検索要求を満たす「ヒット文献」もしくは要求情報を取り出す。
(5) 文献もしくは情報そのものを,利用者に提供する。

　どんな情報がほしいかということは,利用者がいちばんよく知っているのであるが,世の中にどんな情報があるかという全体像は図書館員の方がよく知っている。したがって,利用者のほしい情報についてその内容を聞いた図書館員は,自分の専門的知識を動員して,「情報の大海」の中から,利用者に代わって,必要な情報を探し出してくるのである。まさに,「情報の目利き」であり,「情報の水先案内人」の役割である。

　そうした方向を見すえて,図書館職員の資質や能力を検証することも必要である。図書館職員がこうした環境変化を機敏に捉えた上で,情報サービスの提供を効果的に行っていくにはどのような条件が求められるのであろうか。こうしたことも,図書館や図書館による情報サービスの今後を考える上で大きなポイントになる。

　近年では,こうした役割を持つものとして,データベースやインターネットの検索エンジン(サーチエンジン)が登場し,普及してきているのである。

(4) 貸出中心の図書館から,調査や研究もできる図書館へ

　最後に,図書館における活動の中で,「情報サービス」が重要になってきた原因は何か,についてまとめて考えてみよう。こうした原因を発生させる場所として,全体を取り巻く「社会」,サービスの対象である「利用者」,仕事の遂行者である「図書館」の三つの側面に分けて考えよう。

　まず,第一に社会全体の事情は,以下のようなものである。
1)情報発生量の増加
2)情報源の多様化
3)世の中の複雑化

4) 世の中のスピードアップ

5) デジタルデバイド[6]の発生

1) と2) は，情報の発生に関するものである。3) と4) は，求める情報の質の高度化や情報を必要とするタイミングの「切迫化」を結果として招来する。5) は，手厚くレファレンスサービスを行う必要のある顧客層の出現を意味する。

第二に図書館の利用者側の事情としては，以下のような項目が挙げられる。

ア) 複雑な問題の解決のための情報要求

イ) 生涯学習，ライフワークへの関心

ウ) 情報探索技能への評価向上による図書館の情報サービスへの理解増進

エ) 評価済み情報への需要

オ) 利用者を精神的にもサポートする効果（不安を除去する）

ア) やイ) は，世の中の複雑化や個人の知的欲求の高度化を反映したものである。Google などの普及により，「情報検索」そのものが大衆化して，その結果として，情報探索の技能が見直されてきているといった事情が，ウ) をもたらしている。エ) もインターネット関連で，そこから取得できる情報が玉石混交であるということから来ている。オ) は，「情報カウンセリング」などにつながり，情報サービスの新たな可能性を開くものと考えられる。とくに，図書館における新人の利用者に対する対応などに，適用できる事項であろう。

第三に，図書館側の事情として以下の諸点がある。

イ) 図書館の情報源の有効活用

ロ) 「資料提供」から「情報提供」への重点の移行

ハ) 図書館サービスのショウケース的役割を果たし，その後の利用につながる

ニ) 情報サービスが図書館の機能そのものを集約している

ホ) サービス意識の向上

ヘ) 図書館員の専門性を効果的に発揮できる

イ) は，資料の回転率を上げて，図書館のある意味での「生産性」を向上させることであり，ロ) は，図書館のサービスの質的変化そのものである。ハ) とニ) は，情報サービスが，「仲介者」としての図書館の機能の縮図として存在すること

---

6 :「情報格差」のこと。2章 (p.20) を参照。

を示している。ホ)は,「サービス業」としての図書館の面目を示すものとして評価されていることの表れであろうし,ヘ)もその流れの中で理解できる。

　このような原因が複合して,情報サービスの重要性を高めたものと考えられる。いずれにしても,図書館の内外の事情がからみ合ってこうした事態が生まれたとの認識を持つことが重要である。今後は,上記の原因は,ますます強化されるであろうから,図書館にとって情報サービスの重要性は,いっそう増すことが考えられる。

　そこにある図書館のイメージは,まさに,「これまでの貸出中心の図書館から,今後は調査や研究もできる図書館へ」ということであろう。

2章　図書館による情報サービスの意義と実際

1．情報サービス機関による情報サービス

(1) 情報サービスの意義

　社会の近代化に伴い，人々の生活はより多様に，そして複雑になってきている。職業，収入，家族構成，趣味など，生活のさまざまな側面における選択肢が広がり，結果として個人の生活は大きく異なるようになった。そのような中で，人は自らの生活をより良いものにするために，意識するとしないにかかわらず，日々情報を入手し，それを活用している。つまり，個人が生活を送る上で求めている情報は，ますます多様で，幅広くなってきているということができる。

　たとえば，週末にどの映画を見ようかと迷っている人は，上映館や映画の評判に関する情報があれば，より有意義な時間を過ごせるかもしれない。農業を営む人は，気象に関する情報を得ることができれば，被害を避け，より大きな収入を期待できるかもしれない。病気を患った人は，治療法に関する情報を得ることができれば，短い治療期間で回復できるかもしれない。

　このように，さまざまな局面において適切な情報を入手することができれば，より快適な生活がもたらされたり，さらには人生を左右するような重要な決断を適切に行う助けとしたりすることができる。しかし個人が，自分の置かれた状況の中で適切な情報を入手することは，必ずしも容易ではない。求める情報が多様で幅広くなればなるほど，つまり世の中が複雑になればなるほど，その傾向は強まっていく。

　このような状況において，情報の価値が徐々に認識されるようになり，情報サービス機関による情報サービスが行われるようになった。次項では，現代社

会において広く行われている情報サービスを紹介する。

（2）社会の中の情報サービス

　インターネットが普及する以前にも，電話を使った時報や天気予報，電話番号の案内，マスメディア，出版物，行政や企業の相談窓口などの情報サービスが行われていた。これらは，相談窓口を除くと，個別のニーズに応えるというよりは，多くの人々が求める情報を予測し，一方的に提供するというものであった。よって，個人の抱く多岐にわたる情報ニーズを満たすことはめざされていなかった。あるいは，より少数の専門的なニーズに対しては，調査会社や検索代行業者なども存在していたため，研究者や組織，機関等は対価を支払えば調査を依頼することが可能ではあった。

　近年の情報技術の発展は，このような状況を大きく変化させている。情報が電子化され，携帯電話やインターネットなどの通信手段が定着してきたことにより，情報サービスのバリエーションは格段に増え，手軽で多岐にわたるサービスが実現しはじめている。

　たとえば，マスメディアは，それぞれの特性に合った情報提供のあり方を模索している。一部の雑誌や新聞は，従来の紙媒体による情報提供から，インターネットや携帯電話を通じた情報提供へと移行しつつある。情報誌といわれる雑誌を中心に休刊が進み，それに替わって，インターネット上でのより速報性の高いサービスが展開されるようになってきた。新聞記事はウェブを通じて配信され，過去の新聞記事についてのデータベースも徐々に整備されてきた。新聞社のウェブサイトからは，最新のニュースを得ることができ，場合によっては写真や画像も見ることができる。マスメディアは今後も変化を続け，淘汰も進むであろう。

　行政や企業の相談窓口は，サービスや商品説明のウェブサイト，ウェブサイトにあらかじめ用意されたQ&A，などによってその一部の機能を果たすようになった。さらに，掲示板やブログでは，企業のサービスや商品に対する，顧客によるリアルな情報が大量に提供され，双方向のやりとりも行われている。あるいは，組織や機関の所蔵する資料や報告書はデジタル化され，それらを収録する各種のデータベースがインターネット上で提供されるようにもなった。

公的機関の提供する二次資料や統計データ，政府刊行物など，以前は入手どころか所在を確認することさえ難しかった資料にも，インターネットに接続さえできれば，誰でも容易にアクセスできるようになってきた。検索エンジンの性能が向上し，形態の異なるこれらの情報を一元的に検索することもできる。

このように，さまざまな機関が提供する情報サービスがインターネット上に移行し，個別の細かいニーズに応えられるもの，速報性の高いもの，双方向でのやり取りが可能なものへと大きく変化を続けている。また指一本でそれらを手に入れられるようになるという環境が整いつつある。

インターネットの普及する以前に必要とされていた労力を考えれば，人々が少ない労力で情報にアクセスできるようになったことは，喜ばしいことである。しかしインターネットという共通のネットワークを通じて提供されているこれらの膨大な情報サービスは，それぞれに内容も，所在も，インターフェイスも，検索の機能も複雑で異なり，それぞれ自体の変化も激しい。そのため，現在行われている情報サービスの全体像を把握して適切な情報を探し出そうとすると，実際には，大きな労力が必要とされる場合が多い。

つまり，膨大で雑多な情報に自由にアクセスできるようになったために，それらの中から適切な情報を探すにはどうすればよいのかという新たな課題に直面せざるを得なくなってしまったといえる。またインターネットや電子形態の資料の特性である複製や発信の容易さから，不確かな情報と質の高い情報が混在しているという問題も生じている。かたや，インターネットどころか，パソコンにすら触れる機会がないという人々の存在も問題になりはじめている。

さらに，当然のことながら，このような環境の変化は，サービスを享受する側の人々の行動にも影響を与えている。たとえば，かつて情報誌を購入して週末の予定を練っていた人々の多くが，インターネットで情報収集を行い，情報誌を買わなくなっている。会議録を得るために，議会事務局に通いつめていた市民も，インターネットを使って自宅から会議録を入手するようになった。新聞の折り込みチラシを見て，買い物する店を決めていた主婦は，インターネット上の価格比較を参考に，購入する商品や店を決めるようになった。

このように情報サービスが変化し，それを利用する人々も行動を変化させている状況において，公的機関である図書館が情報サービスを提供することの意

義はどこにあるのだろうか。次節ではそれについて検討したい。

2．図書館による情報サービスの意義と構成要素

（1）図書館が情報サービスを提供する意義

　インターネットが普及し，それが，情報収集の手段として活用されるようになるにつれ，図書館の存在に対する疑問がさまざまな場面で議論されるようになった。
　しかし2章1節で述べたように，情報へのアクセスが容易になったにもかかわらず，人々は新たな課題に直面するようになっている。そこで本項では，これらの課題に対して図書館には何ができるかを検討することにより，図書館による情報サービスの意義を検討する手がかりとしたい。
　情報サービスの恩恵を受けている人々の直面する課題として，情報サービスの内容や使い方などが複雑なために，適切な情報を入手することが困難になっている点を挙げた。たとえば，求める情報が収録されているウェブサイトやデータベースにどのようなものがあるかを知りたい場合，それらの情報源には公的機関，企業，あるいは非営利団体や個人が作成したものがあり，その中から選択をして検索することが必要になる。これらの情報源の収録範囲やインターフェイス，検索の機能はそれぞれに異なり，それ自体の変化も激しい。このような状況において，たとえ情報源にアクセスできる環境が整っていたとしても，適切な情報源を選んでアクセスすること，データベースであれば適切な検索を行うこと，さらに検索結果を評価して適切な情報を入手することは，容易ではない。
　図書館はインターネットの普及する以前から，さまざまな形態のメディアや情報を入手するための二次資料，三次資料により，必要な情報を入手するための方法を体系化し，利用者へと提供してきた。また既存の資料だけでは不十分な場合は，各図書館が独自にツールを作成して提供してきた。その過程で培ってきた知識と技術は，提供する情報源が印刷体から電子形態へと拡大しても，新たな形で活用されている。たとえば，図書館が従来提供してきた紙媒体の二

次資料や三次資料に代わって，ウェブサイト上では，解題つきのリンク集，パスファインダー[1]，独自に作成したデータベースなどが提供されている。あるいは講座やオンラインのチュートリアル[2]により，特定のデータベースやソフトウェアの使い方を教えることも行われている（詳しくは7章を参照のこと）。

　これらの情報源やサービスを利用すれば，やみくもにインターネットを検索しなくても，求める情報をより網羅的に，効率よく探し出すことができる。インターネットを通じた情報サービスが増え，アクセス可能な情報源がどれだけ増えても，図書館がこれまでに培ってきた知識と技術を生かして，そのような部分を支援するサービスへと展開していくことができれば，図書館によるサービスの価値が失われることはないであろう。

　私たちが直面するもう一つの課題として，インターネットやコンピュータ自体を利用する機会を持たない人々の存在を挙げた。現在各種の機関が提供するサービスがインターネットを介したものへと移行するに従い，インターネットを介さなければ利用できないサービスや入手できない情報が増えている。そのような状況においては，インターネットにアクセスできないことが，広く一般に普及しているサービスを受けられないことと同義になる。さらに，インターネットにアクセスできる環境が整っていたとしても，コンピュータ利用に関するリテラシー（活用能力）を持たないために，その恩恵を十分に受けられない人々もいる。コンピュータやインターネットのアクセスにはコストがかかるために，あるいはコンピュータに対する知識が乏しいために，自宅にインターネット環境を持たない人々も存在する。また，たとえインターネットにアクセスできる環境を整えることができたとしても，有料のデータベースを使おうとすれば，かなりの費用がかかるため，経済的理由により利用したくてもできないこともある。つまり，情報環境の変化は人々が入手できる情報にさまざまな形で格差を引き起こしている。

1：パスファインダーとは，図書館の特定主題の情報源やその探索方法を簡潔にまとめたものである。利用者は，図書館で，ある主題についての文献を探索する際に参考にすることで，効率のよい探索が可能になる。
2：チュートリアル（tutorial）とは，ある製品の利用方法や機能について説明した教材やファイルのことである。最近増えているチュートリアルソフトは，指示に従って進めていくと，基本的な利用方法が学べるように作られている。

このような問題に対し，図書館はすべての人々に対して，コンピュータやインターネットを無料で提供することにより，場合によってはその使い方を含めた情報リテラシーを身につける機会を提供することにより，すべての人が等しく情報を入手できるよう貢献することができる。図書館は，そもそも，過去に出版された印刷体の資料を収集し，保存し，すべての人々に等しく提供することを社会的機能として存在してきたことを考えれば，このような情報格差（デジタルデバイド：digital divide）の解消も，図書館が本来担ってきた社会的機能の延長上にあるものとして理解することができよう。

以上のように，図書館が情報サービスを提供する意義は，一つには，大量に存在する各種の情報源の中から，人々の求める情報を体系的，網羅的に検索できるための知識と技術を提供することにより，適切な情報入手を支援することである。このことは1章で述べられているように，図書館が情報と利用者とをつなぐ仲介者としての役割を果たしていると言い換えることもできる。もう一つには，すべての人々に，印刷体はもちろん，電子形態も含めた情報へのアクセスを等しく保障することである。インターネットは情報へのアクセスを容易にしたと同時に，接する機会を持たない人々にとっては特定の情報へのアクセスを困難にしてしまったという側面を持っている。図書館は，このようにして情報格差の解消に貢献できるのである。

（2）情報サービスを構成する要素

情報サービスは，利用者，図書館員，情報源という三つの要素（2-1図）から成り立っている。以下に，それぞれの要素と要素間の関係を述べる。

a．情報源

情報源は，図書館員が利用者のレファレンス質問に応えて適切な情報を提供する際に参照するものであり，同時に利用者が自分の情報ニーズを満たすために利用するものである。図書館で提供されているレファレンスコレクションと呼ばれるレファレンスブック類やデータベースなどが，その中心となる。図書館では，それぞれの図書館の利用者を考慮に入れて，必要な主題のレファレンスコレクションを収集し，組織化して利用に供している。ただし，レファレンスコレクション以外でも，図書館が所蔵する一般図書や図書館職員などの人的

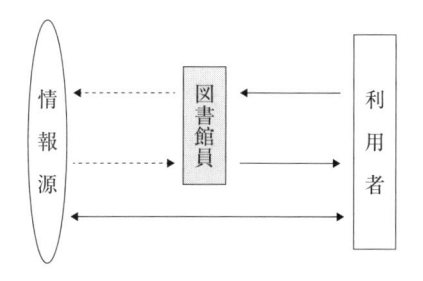

2-1図 情報サービスを構成する要素とその関係

資源も情報源として活用される。

　図書館で提供される情報源は，従来の印刷体の情報源に電子形態の情報源が加わり，その種類も形態も多様化している。また図書館外に存在しているものの，ネットワークを介して利用できるデータベースや，インターネット上の質の高い情報源が増えたため，図書館で提供できるサービスのバリエーションは増している。このことは，図書館員にとっても利用者にとっても喜ばしいことであるが，同時に，それらの情報源が利用できるような環境を整えるために必要な業務が増えていることも事実である。電子形態の情報源は，提供機関や収録範囲，利用方法などの変化が激しいため，常にこれらの動向を把握してサービスをするための労力は膨大なものになる。

　情報源や情報技術の変化は，図書館側だけでなく利用者の利用方法にも影響を与えている。これまでは何らかの理由で図書館へ行くことが難しかった利用者が，図書館にはほとんど足を運ぶことなく Web を通じて各種のサービスを受けることが可能になってきている。

　また物理的な問題以外にも利用形態を左右する状況が生み出されている。たとえば，容易に図書館へ行くことができるにもかかわらず，建物としての図書館には行かず，図書館の Web サイトを通じてサービスを利用する人々や，図書館の建物の中で，あえて Web を通じたサービスを利用する人々もいる。かたや，Web サイトを通じてサービスを利用できる環境にあっても，場所としての図書館を利用して情報を得たいという人たちもいる。

　情報源の館内での利用に対しては，レファレンスコレクションの排架や収納のスペース，閲覧用机やコンピュータ端末など，調べるための環境の整備が必要になる。また館外に存在する各種のデータベースや情報源を，図書館の提供する Web サイトを通じて提供する場合には，それらの解説や利用方法の説明など，さまざまな準備が必要になる。

b．利用者

　情報サービスの利用者とは，なにがしかの情報ニーズを，図書館の提供する情報サービスによって解決しようとする人々である。利用者は，図書館員を仲介者として適切な情報を入手することもあれば，図書館で提供される情報源に自らアクセスし，それらを検索して必要な情報を入手することもある。

　情報ニーズが図書館員を仲介者として解決される場合には，そのニーズは図書館員に対するさまざまなレファレンス質問として表現される。図書館員は，利用者が質問によって表わした情報ニーズを，図書館で利用できる情報源を駆使して探索し，利用者に提供する。

　場合によっては，利用者の情報ニーズはレファレンス質問となって表れないことや，質問されても適切な言葉で表現されないことがある。これは，利用者がどの程度自分のニーズを自覚しているのか，どの程度その主題についての背景知識を持っているのか，またどの程度その情報を欲しいと思っているのかなどに左右される。それゆえ図書館員は，それを踏まえてレファレンスインタビューを行わなければならない。

　利用者が自力で情報源を探索して情報を得る場合，館内に用意されたレファレンスコレクションなどの情報源を探索したり，求める主題の一般書架へ直接行って書架をブラウズ（browse，拾い読み）したりして探すということが行われる。利用者は情報サービスの存在を知らないことが多く，知っていても図書館員への質問を躊躇することや，自分の力で探索をして情報を得たいと考えることが多いため，実は図書館員の知らないところで利用者の情報ニーズが解決されたり，あるいは解決されることなくあきらめられていることもあったりする。

　図書館員を仲介とする場合でも，自力で情報源を探索する場合でも，利用者が図書館内だけでなく図書館外からサービスを利用することが増えつつある。図書館員への外部からの質問は，従来のような電話やファックス，文書だけでなく，電子メール（e-mail）やチャット（chat，インターネットでのやりとり）などの手段によってもなされるようになってきている。あるいは図書館外からの図書館ウェブサイトを通じてデータベースなどが利用されることもある。情報技術の進歩により，利用者は物理的な制約から開放され，その利用形態は図

書館内での利用から，図書館という建物の外での利用へと広がっている。そのため，これまでは来館してサービスを利用できなかった人々へとサービス対象者は拡大しつつある。

　また，高度な情報探索の技術を身につけ，選択的にサービスを利用する賢い利用者が増える一方で，新しく生まれた技術には不慣れな利用者もいる。個別の利用者と同時に集団としての利用者を理解し，時には予測し，図書館は可能性のある利用者がサービスを利用できるよう備えていかなければならない。

c．図書館員

　情報サービスを担当する図書館員は，利用者のレファレンス質問によって表面化したさまざまな情報ニーズを受けて情報源を探索し，その情報ニーズに合った情報や情報源を提供する。同時に，利用者や図書館員が探索する情報源を収集し，整理し，利用しやすい仕組みを用意し備えている。利用者が，図書館員にレファレンス質問をすることによって情報を得るとしても，自力で情報源を探索して情報を得るとしても，図書館員は情報ニーズをもった利用者とそれに見合った情報源とをつなぐ仲介者の役割を果たしているのである。図書館員の仲介者としての役割は，場合によっては，その図書館がいかに良い情報源をもっているか以上に重要であり，サービスの良し悪しを左右する大きな要因となる。

　図書館員は，利用者からのレファレンス質問をレファレンスカウンターなどの窓口で受け付け，図書館で利用できる情報源を駆使してその利用者のニーズにあった回答を提供する。ただし，実際には質問を受けるのは館内の特定の窓口だけでなく，図書館員が一般書架などの閲覧スペースにいる時であることも多い。図書館員は利用者によって表された質問に答えるだけでなく，時には質問としてうまく表現できていない情報ニーズがあることも考慮に入れ，レファレンスインタビューによってそれらを明確にし，応えてゆくことが必要である。さらに利用者が気持ちよくサービスを利用できるよう，接遇のマナーやコミュニケーションの技術を身につけることも求められる。

　利用者が自力で必要な情報を探索するという場合には，一見，図書館員はあまり関与していないようにみえるが，ここでも図書館員の仲介者としての役割は大きい。図書館が提供する各種情報源を利用者の情報ニーズを考慮に入れて

収集し，あるいは不要なものを廃棄し，維持することや，利用者が求める情報源にアクセスしやすいように，レファレンスコレクションの排架，机や端末などの環境の整備を行うことも図書館員の重要な役目である。特に従来の印刷体に加えて変化の激しい電子形態の情報源に対する知識と探索能力がますます必要になってきている。

3. 情報サービスを構成するさまざまなサービス

インターネットに代表される電子形態の情報源の増加と，新たな情報技術の図書館サービスへの導入は，情報サービスに大きな変化をもたらしつつある。図書館で実施される情報サービスの範囲は伝統的なレファレンスサービスから次第に広がりを見せ，同時に情報サービスの枠組みにも変化を招いている。このような状況にあっても，図書館が情報を求める個人を支援するという情報サービスの本質が変わることはない。

本章では，情報サービスをより理解しやすくするために，便宜上，二つの側面から情報サービスをとらえ，それぞれのサービス方法について述べる。

利用者の情報ニーズに対して図書館員が直接的に行う支援を直接サービスと呼び，ボップ（Richard E. Bopp）[3]の三つのアプローチを基にして説明する。また利用者の情報ニーズに対して間接的に行われるサービスを間接的サービスと呼び，図書館が行う間接的，準備的業務について説明する。

日本語の「サービス」は，一般的には利用者への奉仕を意味することが多いため，ここで間接的な業務を「サービス」と呼ぶことには違和感を覚えるかもしれない。しかし，それらの業務は対利用者のサービスを間接的側面から支えるものであり，対利用者のサービスにつながるものである。よって，ここではあえてそれらの業務を間接的サービスと呼び，解説することとする。

（1）直接的サービス

図書館員が利用者からの情報ニーズに対して，直接，利用者に対して提供す

---

[3]：Bopp, Richard E.; Smith, Linda C. Reference and Information Services: An Introduction. 3rd ed. Libraries Unlimited, 2000, 617p.

るサービスを直接的サービスと呼ぶ。ボップは著書 *Reference and Information Services: An Introduction* の中で，図書館員は利用者の情報ニーズや目標ごとに，異なる三つのアプローチによって支援を行っていると述べている。

　第一は，特定の情報を欲しいという情報ニーズに応えるというアプローチである「情報提供（information）」，第二は，ある分野の情報を見つける手順や方法について知りたいという長期的なニーズに応えるアプローチである「情報源選択に対する継続的援助（guidance）」，第三は，情報を入手し利用するにあたって，よりその技術を高めたいというニーズに応えるアプローチである「利用教育（instruction）」である。これらはあくまでも便宜上の区分であって，それぞれが必ずしも独立したサービスとして存在しているわけではなく，互いに関連しあったり，影響しあったりしている部分も大きい。

a．情報提供

　利用者が特定の情報を欲しいというニーズを抱いているとき，それに対して図書館員が行う援助を情報提供（information）と呼ぶ。情報提供は，図書館員が直接回答を提供する「質問回答」，図書館で必要な情報を提供できない場合に他の図書館の協力を得て情報を提供する「書誌情報の確認から図書館相互貸借」，同じく図書館で情報を提供できない場合に別の機関を紹介して解決する「レフェラルサービス」によって実現されている。

❶質問回答　　利用者の情報ニーズが，図書館員への質問として表現されたのがレファレンス質問である。利用者からのレファレンス質問に対して図書館員が情報源と利用者との仲介者となって適切な情報源を探索し，得られた回答を提供することを質問回答，あるいは質問回答サービスと呼ぶ。質問内容は，ある電話番号や住所などといったごく簡単な事実調査により解決できるものから，図書館内外の情報源を駆使し，時間をかけて探索する文献調査の必要なものまで幅広い。

　利用者の質問の難易度によって，図書館員が回答を提供するために探索しなければならない情報源や，回答を得るまでに要する時間などは変化する。長澤は，さらにレファレンス質問の種類をその難易度によって，「案内質問」「即答

質問」「探索質問」「調査質問」に分類している[4,5]。

「案内質問（directional reference questions）」とは，図書館が提供する施設やコレクション，サービスなどについて案内を求めるような質問のことである。このうち，特定のコレクションや資料の所在についての質問は，どのような館種の図書館でもよくたずねられる質問である。これは目録や，館内の案内図などを使えば簡単に解決できるような質問であり，特に情報源を参照するまでもないこともある。場合によっては，所蔵調査，所在調査などと呼び，レファレンス質問とは別扱いにされることもある。また，「トイレの場所はどこですか？」とか，「一人何冊まで借りることができますか？」というような，施設やサービスについての質問も案内質問に含まれる。この種の質問は，情報や情報源に対するニーズと直接結びついているわけではないので，厳密にはレファレンス質問とは言いにくい。しかし，レファレンス質問の芽となりうるため，その一部として取り上げている。

「即答質問（quick reference questions）」とは，ある機関の電話番号や漢字の読みなど，2，3の基本的な情報源を参照することですぐに解決できるような質問のことである。どの館種の図書館でも比較的よくたずねられるため，即答質問への回答は情報サービスのうちで最も基本的なサービスということができる。それぞれの図書館ごとに，ある程度たずねられる質問のパターンを見出すことができるため，図書館ではそれに対応した情報源を，質問を受ける窓口近くに備えていることが多い。即答質問に端を発して，より難易度の高い質問に移っていく可能性もある。クイックレファレンス，あるいはレディレファレンス（ready reference questions）とも呼ばれる。

即答質問に回答する際に利用するような，いくつかの基本的なレファレンスブックやデータベースだけでなく，さらに複数の情報源を探索しなければ求められる情報を提供できないような質問を「探索質問（research questions）」と

4：長澤雅男の『レファレンスサービス』では，探索質問を"search questions"，調査質問を"research questions"としている。しかし，ボップの Reference and Information Services では，長澤の探索質問にあたると考えられる質問を"research questions"と呼んでおり，調査質問にあたると考えられる質問を"fee-based services and information brokering"と呼んでいる。
5：長澤雅男. レファレンスサービス：図書館における情報サービス. 丸善, 1995, 245p.

呼ぶ。たとえば,「電磁波が人体に与える影響について知りたい」というように,利用者の情報ニーズが即答質問より深く,複雑な質問である。利用者によって発された質問が的確にそのニーズを表しているとは限らず,図書館員によるレファレンスインタビューが有効になる場合が多い。

「調査質問（fee-based services and information brokering）」とは,探索質問では満足な回答を得ることができなかった場合に,さらに探索の範囲を広げ,時間をかけて行う必要のあるような質問のことである。専門図書館のような手厚いサービスが可能な図書館では,このような質問に対してかなりの時間をかけて調査を行って結果を提供することや,文献調査や二次資料の作成といった書誌サービスを行って応じることもある。それ以外の図書館では,一定の時間をかけて探索を行い,それでも解答が得られなかった場合には,質問処理を打ち切る方針をとることが多い。英語で"fee-based"となっているのは,「図書館の通常の無料サービスの範囲を超える」という意味が込められているものと理解できる。

以上のような質問は,図書館の建物の中で,利用者から受け付けるだけなく,電話やファックス,書面などによって図書館員に伝えられることもある。またインターネットの普及する1990年代半ば頃からは,電子メールやチャットなど,コンピュータを介した質問回答のやりとり,いわゆるデジタルレファレンスサービスへの取り組みが米国の図書館で始まり,あっという間に全米の図書館に広まった。インターネットの普及は,物理的な図書館におけるレファレンス質問の減少を招いたと言われているが,そのような中で,デジタルレファレンスサービスでは,インターネットを利用できる人であれば誰でも,時間や場所という制約を超えて図書館員に質問をすることができるため,図書館界での期待は高い。新たな技術を応用したデジタルレファレンスのためのソフトウェアの開発や,図書館間で協力してレファレンス質問に回答すること,回答のプロセスを共有するためのコンソーシアムの構築も進んでいる。

❷書誌情報の確認から図書館相互貸借　　特定の文献を欲しいという利用者の情報ニーズは,まずその文献の書誌情報を確認して正確な書誌情報を得,次に,その文献の所在を確認し,最終的には文献を入手することで終結する。つまり,その最初の段階で生じるのが書誌情報の確認（bibliographic verification）で,

次に利用者の利用できる図書館に所蔵していない場合に生じるのが図書館相互貸借（interlibrary loan：ILL）である。

　図書館で行う書誌情報の確認とは，利用者が必要とする特定の文献について二次資料を検索し，正確な書誌情報を確認し，提供する作業である。利用者は必要とする文献がはっきりしている場合でも，その文献の正確な書誌情報を把握しているとは限らない。人から聞きかじった情報をもとに，特定の文献を探している場合，間違って記憶していることはよくある。また，ある文献に付けられている参考文献などから情報を得ている場合でも，その書誌情報を書き写し損ねていたり，あるいはその情報自体が不十分であったり，不正確であることもある。そのため，求める文献を入手するための最初の手順として正確な書誌情報を確認することが必要になる。

　次に，利用者の必要とする特定の文献を，その利用者が利用する図書館が所蔵していない場合，その図書館が文献を所蔵する他の図書館や他の機関を探して，その現物を借りたり，複写を取り寄せたりして利用者に提供する業務を図書館相互貸借と呼ぶ。図書館相互貸借以外にも，文献を入手する手段として，文献送付サービスと呼ばれるサービスがある。これは利用者が求める図書や文献のコピーを自宅や職場まで送付するサービスのことである。最近は，複写申し込みの手続きがWeb上でできるようになったり，文献そのものが電子形態で利用できるようになってきたりしているため，利用者は図書館へ足を運ばなくても欲しい文献を入手できる環境が整備されてきている。

　これらのサービスは，情報サービスではないという考え方もある。しかし，以上のようなサービスを提供するためには，各種の目録や索引誌などの二次資料を検索する必要があり，実際に多くの図書館で，情報サービスを担当する部門で扱われることが多い。そのため，ここでは情報サービスの一部として扱う。現在では，電子形態の目録や索引誌のデータベースがウェブ上で利用できる状況が整い，書誌ユーティリティが確立されてきたことにより，これらの一連の業務は以前よりも容易に行うことができるようなってきている。

❸ レファラルサービス　　図書館が，利用者のニーズに合致する情報サービスを所蔵していない場合，それらを所蔵している図書館や類縁機関，専門家などを探し出して紹介するサービスをレファラルサービス（referral service）と呼

んでいる。必要とされる情報が図書館内にあるか図書館外にあるかにかかわらず，最終的には人々と情報とを結びつけるサービスである。レフェラルサービスを効率よく行うためには，可能性のある図書館や機関についての情報源を前もって整備しておくことが必要である。最近ではインターネット上で各種機関に関する情報が公開されるようになり，それらの機関が所蔵する資料の目録が公開されることも増えてきたため，サービスに必要な情報が手に入りやすくなってきている。

　レフェラルサービスに類似したサービスとして，「案内紹介サービス」(information and referral services：I & R) と呼ばれるサービスがある。図書館に利用者の情報ニーズに合致する情報源がない場合でも，近隣の地域にそれらを満たす情報源やサービスを提供している人や組織があることがある。案内紹介サービスとは，図書館がそのような場合に備えて，利用者とそれらの機関を結びつけるために，地域にあるさまざまな組織や機関の情報を整備し提供するサービスのことで，英米の公共図書館で1960年代後半頃に発達し定着した。情報やサービスを提供する機関と，地域住民に対して提供されているサービス，連絡先などの最新情報が，リストやファイルの形で作成され，維持される。最近は，図書館がそれらの情報をデータベースとして作成し，Web 上に公開することが増えている。

b．情報源選択に対する継続的援助

　利用者が，読書を趣味としている，仕事を変えたい，調査プロジェクトにかかわっている，といったさまざまな状態にあって，それらについての情報を得るために図書館員に相談したいというニーズを抱くことがある。このような，特定の情報を得たいというよりは，関心のあるテーマに関する幅広い情報を見つけたり，それを利用したりしたいというニーズに対して図書館員が行うアプローチを，情報源選択に対する継続的援助（guidance）と呼ぶ。これらは，比較的漠然とした，あるいは長期的なニーズであることが多い。このようなニーズを満たすためのサービスとして，本節では読書相談サービス（reader's advisory service）とカレントアウェアネスサービス（current awareness service）を取り上げる。

■1 読書相談サービス　　読書相談サービスとは，図書館員が利用者の興味など

に合わせて，どのような図書を選び，読めばよいかについて個別に援助を行うサービスである。これは，米国の公共図書館で1920年代から1940年代にかけて盛んに行われたサービスである。当時は，図書館員が個別の読者にインタビューをして，その興味や読書能力のレベルなどを聞き出し，それらを考慮に入れた上でブックリストを作成し，適切な図書を紹介していた。これは長期的な視野で，個々の利用者に対して継続的に行われた手厚いサービスであった。最近では，そのような労力をかけることが難しくなってきているため，当時のような読書相談サービスは減少傾向にある。

しかし同時に，従来のサービスは，読書にかかわらず利用者の関心事についての資料や，問題解決のための資料選択を支援するサービスへと変化しつつある。さらに図書館やサービスの利用法によって個別に利用者を支援する図書館利用者教育や，利用者の関心分野の資料についての最新の情報を知らせ，図書館利用を促進するカレントアウェアネスサービスに近いサービスへと図書館員の認識が変化し，その必要性が再認識されるようになってきている。

他にも，読書相談サービスに類似したサービスとして，主に米国の大学図書館で行われている学期末のレポートカウンセリング（term-paper counseling）と呼ばれるサービスも挙げられる。これは，期末レポートを作成する学生に対して，図書館員が個別の利用者のテーマやレベルに合わせて図書館資料を使ってレポートを書くための援助をするというもので，利用教育の要素も併せもつものである。このようなサービスを行うためには，図書館員には，それぞれの主題の二次資料はもちろん，一次資料や主題そのものに関する知識が必要である。

わが国では，読書相談サービスや読書案内といわれるサービスは，米国で行われた初期の読書相談のようなサービスというより，主に読書資料の選択についての質問に答えるサービスとして捉えられることが多い。そのため，貸出サービスの一部として扱って，情報サービスとして扱われないこともある。

❷カレントアウェアネスサービス　　特定の雑誌の最新号から目次をコピーし定期的に利用者に提供するなど，利用者の関心をもっている主題分野のカレントな情報を，図書館が能動的に提供するサービスをカレントアウェアネスサービスと呼んでいる。専門図書館のように主題分野の限定された図書館では比較

的行いやすいサービスであるが，利用者のニーズが多岐にわたる公共図書館などではあまり行われない。

カレントアウェアネスサービスと同義あるいはその一部として扱われるサービスに SDI（selective dissemination of information, 選択的情報提供）がある。新たに受け入れた資料が，特定の利用者の関心分野の資料であった場合，図書館としてフォーマルにかつ継続的に提供するサービスのことである。図書館員は，事前に利用者にインタビューをして，関心のある主題についてのプロファイルを作成し，それに合致する書誌情報あるいは新しい文献を定期的に利用者に提供する。SDI も，研究活動を続ける研究者などを利用対象とする専門図書館や大学図書館を中心に行われるサービスである。

近年，電子ジャーナルや索引誌等のデータベースの付加的な機能として，新しく出版された学術雑誌の目次情報や，雑誌記事の書誌情報等を電子メールにより提供するアラートサービス（Alert Services）と呼ばれるサービスが登場した。利用者が事前に，自分の興味のある分野に関する検索条件や書誌情報を登録しておけば，メールにより継続的に情報提供が行われるというものである。データベースの導入が進む大学図書館では，このようなサービスが普及しつつある。あるいは，公共図書館でも，事前に登録をしている利用者に対して新着図書リストを電子メールで定期的に送付するサービスが行われるようになった。いずれも，利用者が一度登録を済ませれば，自動的にサービスを提供することができるため，図書館にとっても，利用者にとっても，手軽で便利なサービスである。これらのサービスは，SDI の拡張された形態として今後の情報提供の新たな可能性を見せている。

c．利用教育

情報や知識を頻繁に利用する必要のある人々は，図書館やそこで提供されている各種情報源が，自分たちの生活や研究などにとってどのように役立つのかを知り，さらにそれらを利用するための技術を高めたいと思っている。そうすれば，自分の力で必要な情報源を探索し，利用することが可能になるからである。このようなニーズに合致するアプローチを，利用教育（instruction）と呼

んでいる[6]。

　図書館は，利用者がどのような情報ニーズをもって情報を探索したいと思っているのかを予測し，あるいは要求を受けて，図書館の利用方法や情報源の探索方法，利用方法，評価方法などについて1対1やグループを対象として指導を行う。以前は大学図書館や学校図書館で中心となってきたサービスであるが，情報技術の発展により探索する必要のある情報源が増え，形態が複雑になるにつれ，公共図書館でも次第に重要性が増してきている。大学図書館や学校図書館では利用教育を情報リテラシー教育の一環として位置づける動きもある。

❶一対一の利用教育（one-to-one instruction）　一対一の利用教育とは図書館のサービスやその資料の入手方法，利用方法などについて，図書館員が1対1で利用者を支援するという，どの館種の図書館においても行われてきた基本的なサービスである。図書館を使い慣れていない利用者が，図書館の資料を探し出せるように目録の利用法を教えるといった初歩的なものから，調査研究に必要な情報を探索するために，二次資料の内容や，それらの検索方法などについて教えるものまで幅広く行われている。

　近年では，冊子体だけでなく，オンライン閲覧目録（Online Public Access Catalog：OPAC）や，索引誌や抄録誌のデータベース，インターネット上の情報源など，電子形態の二次資料が増えつつあるため，それらの検索方法について教える部分の比重が増えてきている。

　このようなサービスは，利用者に対面して直接提供されるだけでなく，利用案内のしおりや，特定主題の代表的な二次資料類やその調べ方の手順について紹介するパスファインダーなどによって提供されることもある。また同様のものが図書館のウェブサイトを通じて提供されることも増えてきている。Webサイトを通じて利用できれば，コンピュータ端末を通じて複数の情報源を探索し，利用しながらレポートを作成する利用者にとって便利であるだけでなく，遠隔地から全く図書館に足を運ぶことなく図書館を利用する人々にとっても便利である。

❷グループ対象の利用教育（group instruction）　大学図書館における新入

6：より詳細な動向については，7章も参照されたい。

生や，同じテーマについて学ぶゼミナールのメンバーなど，同じような情報ニーズを持つ利用者が複数いることがある。そのような場合，複数の利用者にグループ単位で，ある程度焦点を絞って，図書館の利用方法や情報源の探索方法などについて案内すると効率がよい。たとえば，新入生を対象とする場合，図書館ツアーやオリエンテーションなどによって，図書館の施設や蔵書，基本的なサービスについて知らせることができる。あるいは，図書館の利用にある程度慣れ，専門主題の調査研究に取り組んでいる特定のゼミナールの学生を対象とする場合であれば，その主題の代表的な二次資料やそれらの探索方法，探索の結果得られた情報の利用方法や評価などについても紹介できる。このような教育は，利用者が専門的な探索技術をみがき，自力で情報を探し出し，効果的に利用できる能力を身につけることにつながっている。

　グループ対象の利用教育は，従来公共図書館ではあまり行われることがないサービスであった。しかし，情報を入手するための道筋が複雑になってきたために，文献探索の方法を学びたいと考える利用者が公共図書館においても増加し，それに応えるための講座などが開かれ，利用を得るようになっている。

(2) 間接的サービス

　利用者に対しての直接の支援を直接的サービスと呼ぶのに対し，利用者に直接向き合って行うサービスではないが，利用者が必要な情報を得ることを間接的に支援するサービスを間接的サービスと呼ぶ。ここでは，調べるための環境の整備，情報サービスのための情報源の構築，図書館間の相互協力とネットワークの形成を間接的サービスとして扱う。

　利用者に対面して行われる直接的サービスは，利用者の表面化したニーズに対して直接対応するために，その良し悪しが利用者の目につきやすく，図書館全体の印象に与える影響も大きい。その一方で，間接的なサービスは利用者のニーズを受けて行われるというよりは，図書館員が利用者の情報ニーズを日常業務の中で推察したり，予測したりして主に能動的に行うものである。その良し悪しは目にはつきにくいが，いかに質の高いサービスを提供できるかは，間接的サービスに大きく影響を受ける。間接的サービスの充実は，図書館における情報サービスを支える基盤として重要である。

2-2図　本の案内カウンター

a．調べるための環境整備

　利用者が必要な情報を探して情報源を探索する際には，調べるためのさまざまな環境が整備されていることが必要である。図書館において利用者が情報を探す場所は，サービスポイントと呼ばれている。

　サービスポイントのうち，利用者が図書館員に何らかの支援を求めて質問をする場がレファレンスカウンターなどの窓口である。利用者は窓口で，情報そのものを得るために質問をしたり，図書館や資料の利用方法について質問をしたりする。図書館員はカウンター周辺に置いた即答質問用の情報源，コンピュータ端末を通じて利用できるデータベースなどの情報源を使って回答を提供したり，図書館サービスの利用方法についての資料を提供したりしている。

　利用者の質問は簡単に解決できるものから時間を要するものまでさまざまなので，ゆっくりと話を聞くことができるよう椅子を用意するなどの配慮がのぞまれる。また，利用者は図書館員への質問を躊躇することが多いため，窓口には近寄りやすい雰囲気をつくることも必要であろう。その他にも，込み入った質問でもたずねやすいように，貸出用の窓口から距離をとるなどして，やりとりの内容についての利用者のプライバシーが守られることが望ましい。場合によっては，事務室内にインタビューのできるスペースを設けるのもよいだろう。

規模の小さな図書館では，レファレンスカウンターなどの専用の窓口を備えることが難しいため，他の窓口との兼用になっていることもある。それでも窓口であることを表示するなどの工夫をすることによって，質問を引き出すことが容易になる。

　利用者が情報源を探索する場合，主に利用するのはレファレンスコレクションであり，それらが備えられているのがレファレンスルームやレファレンスコーナーである。いずれを設けるにせよ，複数の利用者がレファレンスブック類を広げて閲覧したり，書き写したりできるだけのスペースが書架の近くに必要である。レファレンスコレクションは図書館員が利用することもあるし，また利用者が調査の途中で助けを必要とすることもあるため，カウンターなど図書館員が近くにいるスペースに設けられていると便利である。

　レファレンスコレクションには，印刷体の資料ばかりでなく，データベースやCD-ROM，インターネット上の情報源などの割合が増加しているため，それらの情報源にアクセスできるコンピュータ端末を図書館内に備えることが必要である。図書館の中には，データベースやインターネット，特定のソフトウェアなどの利用方法について教える機能（チュートリアル）をコンピュータ端末に用意しているところもある。また，それらの利用中に助けてくれる図書館員や専門のスタッフを配置している図書館もある。

　さらに，以上のようなサービスポイントが利用者の動線から目につきやすい位置にあることや，サービスポイントへのサインが十分に用意されていることも必要であろう。

b．情報サービスのための情報源の構築

　情報サービスに利用される情報源には，レファレンスコレクション，その他の図書館資料と，図書館職員などの人的資源が含まれる。その中で，情報サービスを行う際に中心となるのは，その図書館のレファレンスコレクションである。図書館ではその館のレファレンスコレクションの収集方針などに基づいて，どのようなレファレンスコレクションを構築するかを決定し，レファレンスブックやデータベースなどを収集，維持している。レファレンスコレクションの詳細については6章を参照されたい。

　レファレンスコレクションは，主に市販のレファレンスブックやデータベー

スからなるが，それだけでは，その図書館の利用者の情報ニーズに応えきれないことや時間がかかり過ぎることがある。そのため，不足の部分を埋めるものとして，その館で独自に作成される情報源である自館製ツールや，新聞記事や雑誌記事の切り抜き，パンフレット類などをファイルしたインフォメーションファイルなどを用意する。これらの情報源は，図書などによって得にくい情報をすばやく提供してくれるため価値は高いが，作成には時間と労力がかかる。そのため，よく質問される分野を中心に作成し，継続的に維持していくことが必要である。

情報サービスのための情報源は，最近では，図書館のWebサイトを通じても提供されるようになってきている。Webサイトでは，データベースや電子ジャーナルへのアクセスだけでなく，それらを有効に利用するために独自に作成された機能が提供されている。たとえば，特定の主題の代表的なデータベースや探索の手順などについて記したパスファインダーや提供している複数のデータベースを選ぶための検索機能，個々のデータベースの解題などがある。これらを利用すれば，自分の情報探索において，どの情報源が必要かわざわざ図書館に出向いて図書館員にたずねることなく知ることができる。またインターネット上の質の高いサイトを集め，解題を付したリンク集もよく提供されており，利用者にとって便利である。

c．図書館間の相互協力とネットワークの形成

個々の図書館は，所有できる資料に限界があるため，図書館間でネットワークを形成し，貸し借りをすることによって協力し合ってきた。情報サービスにおいても同様に，利用者の求める情報がその図書館で得られなかった場合，より専門的な資料を持っている別の図書館に調査を依頼し，結果を提供してもらうことで互いに助け合っている。このような協力関係によるサービスを協力レファレンスサービスと呼んでいる。

協力関係のネットワークは，地域レベルのごく小さなものから，館種ごとや，全国的あるいは世界的な規模のものまで各種存在する。以前は電話やファックスによるネットワークが中心であったが，図書館にインターネットが普及したことで，インターネットを通じたネットワークが発達してきている。ネットワークの発達により，従来は時間がかかっていた書誌情報の検索，調査の依頼，

図書館間のやりとりの手続きなどがより早く，簡便に行えるようになった。同時に相互協力のネットワークへの参加館は増加している。

新たな形の協力レファレンスサービスとして，複数の図書館で運営されるデジタルレファレンスサービスが，最近，盛んに行われるようになってきている。これは，複数の図書館が，同じソフトウェアやサービスを使い，単一のインターフェイスを通じて，その利用対象者に対して電子メールやチャットによる情報サービスを提供するというものである。時間枠ごとに担当館を割り当てることでサービス時間帯やサービスできる分野を増やそうとする試みであるといえる。また，利用者に対するサービスだけでなく，図書館員がこれまでに個々の館で作成し，それぞれの館でサービスに利用してきたレファレンス質問の事例を，複数の館で蓄積してデータベースを作成し，共同利用する取り組みも行われはじめている。よりよいサービスを提供するためには，今後も図書館間の協力関係を維持し，発展させていく必要がある。

4．各種図書館と情報サービス

ここまででは，情報サービスについて，館種にあまり関係なくそのサービス内容を説明してきた。しかし実際には，これらのサービスは，どの館種の図書館で行われるかによって何をどの程度行うかが異なっている。それは，利用者の層が，図書館の種類によって異なるからである。この節では，公共図書館，大学図書館，専門図書館，学校図書館における情報サービスの特徴を述べる。

(1) 公共図書館

公共図書館の利用対象者は，特定の地域の住民すべてである。したがって，他の館種と比べると利用者層が広く，一般的に利用対象者の人数も多い。利用者層が広く，人数も多いということは，そこに生まれる利用者の情報ニーズも幅広く多様であるということである。図書館では利用者の最大公約数のニーズを予測し，間接的サービスによってそれに備えているが，公共図書館は利用者のニーズが多様であるために，間接的サービスによって備えることが最も難しい図書館であるともいえる。そのため，公共図書館では図書館員による個別の

対応が，利用者のニーズと間接的サービスとの間にできたギャップを埋めることに貢献できる。よって公共図書館では，質問回答や利用案内を中心としたサービスが行われることが多い。規模が大きく，調査機能に重点を置いた図書館以外では，一人の利用者に対して労力のかかるＳＤＩや調査質問への回答などが行われることは少ない。

（２）大学図書館

　大学図書館の利用対象者は，その図書館の所属する大学の学生，大学院生，教職員などである。大学図書館で，利用対象者が抱く情報ニーズは，その大学の学部，学科で扱っている専門分野の知識と，一般教育で扱っている知識に関するものが中心である。そのため，必要とされる主題やそのレベルなどは，公共図書館に比べるとはっきりしており，予測して備えることが比較的容易である。それゆえ，情報源の構築などの間接的サービスは効率よく行うことができる。

　それでも大学図書館では所蔵する資料が比較的多く，提供される情報源の形態がさまざまで利用方法が複雑であるという難しさがある。最近では，情報源に占めるレファレンスブック類に対応するデータベースや電子ジャーナルの割合が増加しており，それらのサービスの利用方法や検索方法は複雑で，変化も激しい。そのため，案内質問を中心とした質問回答や，利用教育が必要であり，事実，それらが活発に行われている。また，情報源の一部としてデータベースが増加したことで，利用者の範囲について契約上，あらかじめ検討することが必要になるなど，電子化の進行による新たな業務対応を求められる場面が増えている。

（３）専門図書館

　専門図書館の利用対象者は，その専門図書館が所属する機関の構成員である。専門図書館は所属する組織の目的を達成することに対して，情報面から支援するために存在する。そのため専門図書館の利用者が持つ情報ニーズは，図書館が所属する組織がどのような活動を行っているかに左右される。専門図書館は，その規模や所属する組織などという点において違いが大きいため一概には言え

ないが，扱う主題ははっきりしており，調査研究目的の利用をされることが多い。

そのため質問は，調査質問のような込み入った質問が比較的多い。それに対し，図書館員は，文献調査など専門的な調査を行って回答を提供するなど，他の館種の図書館よりも個別の利用者に対して手厚いサービスを行う傾向にある。専門図書館の利用者はその分野の研究活動を長期にわたって続ける人々であることが多いため，利用教育が必要になることは少なく，情報提供に重点をおいたサービスが提供される。

（4）学校図書館

学校図書館の利用対象者は，その図書館が所属する小・中・高等学校の児童・生徒と教職員である。学校図書館の利用者の抱く情報ニーズには，それぞれの学年に対応した教科の学習にかかわるあるいはそれをより掘り下げるための情報を欲しいというものや，直接教科の学習にはかかわらないが，彼らの読書にかかわるものなどが挙げられる。学校図書館は，学校という教育機関に属するので，情報そのものを提供することよりも，図書館や情報源の利用方法を教えることに重点が置かれることが多い。

文部科学省の実施した調査[7]によると，2010年5月時点で司書教諭が必置とされている12学級以上の小・中・高等学校では，97.6％において司書教諭が発令されていることが報告されている。しかし，11学級以下の学校も合わせると司書教諭の発令されている学校は，全体で63.5％にとどまることや，司書教諭が発令されているものの専任ではなく兼務であるなどの課題も指摘されている（2-1表）。

児童や生徒らは，後の人生の中で自らの問題を解決したり，複数の選択肢の中から何かを選んだりすることが必ず必要になる。そしてその際に，いかにうまく問題を解決できるか，いかに適切な選択をできるかは，それらに必要な情報を入手できるかどうかにかかっている。情報を探すという行為が身に付くか

7：文部科学省児童生徒課．"平成22年度「学校図書館の現状に関する調査」結果について"．文部科学省．2011-06-01．http://www.mext.go.jp/b_menu/houdou/23/06/_icsFiles/afieldfile/2011/06/02/1306743_01.pdf，（参照2012-03-15）．

どうかは，日々利用する学校図書館での経験や訓練によるところが大きく，その意味でも今後の学校図書館の役割が期待されている。

2-1表　平成22年度の司書教諭の発令状況等（平成22年5月1日現在）

		学校数(A)	司書教諭発令学校数(B)	発令割合(B/A)	12学級以上の学校の状況					11学級以下の学校の状況			
					12学級以上の学校数(C)	司書教諭発令学校数(D)	発令割合(D/C)	司書教諭有資格者数(E)	割合(E/C)	11学級以下の学校数(F)	司書教諭発令学校数(G)	発令割合(G/F)	司書教諭有資格者数(H)	割合(H/F)
小学校		21,471	13,467	62.7%	11,371	11,311	99.5%	35,645	3.1	10,100	2,156	21.3%	10,290	1.0
中学校		10,634	6,308	59.3%	4,949	4,860	98.2%	10,798	2.2	5,685	1,448	25.5%	5,148	0.9
高等学校		5,087	4,119	81.0%	4,127	3,894	94.4%	9,951	2.4	960	225	23.4%	1,076	1.1
特別支援学校	小学部	703	377	53.6%	363	310	85.4%	942	2.6	340	67	19.7%	322	0.9
	中学部	707	292	41.3%	229	198	86.5%	396	1.7	478	94	19.7%	386	0.8
	高等部	752	423	56.3%	402	355	88.3%	997	2.5	350	68	19.4%	342	1.0
中等教育学校	前期課程	39	20	51.3%	14	10	71.4%	19	1.4	25	10	40.0%	32	1.3
	後期課程	25	15	60.0%	8	6	75.0%	14	1.8	17	9	52.9%	23	1.4
合計		39,418	25,021	63.5%	21,463	20,944	97.6%	58,762	2.7	17,955	4,077	22.7%	17,619	1.0

3章 レファレンスサービスの理論と実際―1
情報探索行動とレファレンスプロセス

1. レファレンスプロセスとは何か

(1) レファレンスプロセスの概念

　レファレンスプロセス (reference process) の概念を広義に解釈すれば，利用者の情報要求を出発点として，適切な情報源を用いたレファレンス係員の直接的・人的援助により，その情報要求が充足されることを終結点とする，利用者およびレファレンス係員の情報探索行動に含まれるすべての諸要素の相互作用過程を意味する。リース (Alan M. Rees) は，レファレンスプロセスの概念について次のように述べている[1]。
　　レファレンスプロセスは，レファレンス係員 (reference librarian) と呼ばれる媒介者によってなされる，レファレンスワークに含まれる諸変数の総体を包括する。このプロセスには，レファレンス係員の心理および使用される情報源はもちろん，質問者の心理および情報要求が生じる環境的文脈の両方が含まれる。
　　レファレンスプロセスは，それゆえに，質問者とレファレンス係員と情報源の複雑な相互作用から成り，利用し得る書誌的装置の鑑定や操作だけでなく，現在のところ不完全にしか理解されていない心理的，社会学的，環境的変数の操作を含んでいる。
　レファレンスプロセスは，質問者の情報要求の充足を目的として，質問者とレファレンス係員が協同して行う情報源の探索過程であり，この三者の相互作用の全体を一つのシステムとして考えることができる。このシステムをレファレンスシステム (reference system) と名付けておこう。そうすると，レファ

1：Rees, Alan M. Broadening the spectrum. In The present status and future prospects of reference information service. American Library Association, 1967, p.57-58.

レンスシステムは，質問者とレファレンス係員と情報源を構成要素とするシステムであり，また，この三つの構成要素のそれぞれが，複数の要素から構成されるサブシステム（他のシステムの一部分となるシステム）であることになる。この三つのサブシステムを，質問者の思考システム，レファレンス係員の思考システム，そして情報システムと名付けておこう。情報システムはさらに，情報源システムとその検索システムに分けることもできよう。

次に，各サブシステム内およびサブシステム相互間の作用過程を考えると，質問者の心的プロセス，レファレンス係員の心的プロセス，両者の間のコミュニケーション・プロセス（レファレンスインタビューのプロセス），そして両者による情報源の検索・参照プロセスを挙げることができる。これらのプロセスを含めて，レファレンスシステムのモデルを図で示してみよう（3-1図）。

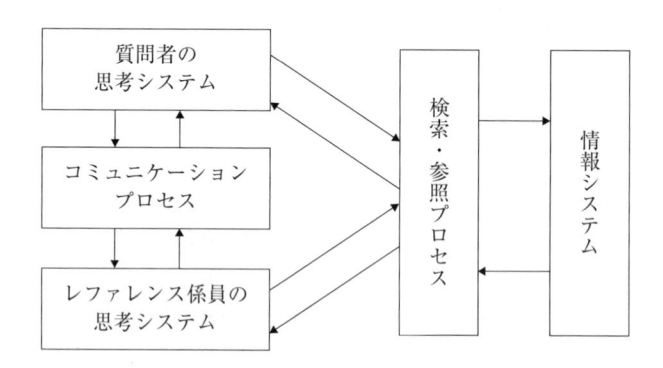

3-1図　レファレンスシステムのモデル

上記のように，レファレンスシステムを三つのサブシステムを統合したシステムとして考え，この統合システム内の複雑な相互作用過程の総体をレファレンスプロセスと定義すると，レファレンスプロセスを解明するための問題領域と課題が明確になるが，同時に，その問題の複雑さと奥行きの深さ，そして未知の領域の広さも明らかになる。特に，質問者およびレファレンス係員の心的プロセスは，思考心理学あるいは広く認知科学の対象領域である[2]。たとえばコ

2：たとえば，以下の文献がある。kuhlthau, C. Seeking meaning：a process approach to library and information services. Ablex Publishing, 1993, 199p.

ンピュータ支援のレファレンス・エキスパート・システムの開発を考えるとすれば，広い意味でのレファレンスプロセスについての研究が必要である。

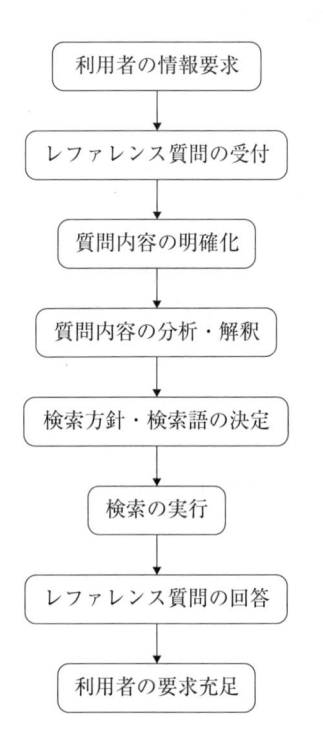

（2）レファレンスプロセスのモデル

本項では，レファレンス質問を処理するレファレンス係員の立場から，その実務に即したプロセスについて考える。ここではレファレンスプロセスを狭義に解釈して，図書館利用者の何らかの情報要求を出発点として，その情報要求に基づくレファレンス質問をレファレンス係員が受け付け，情報源を探索し，回答を提供することによって，利用者の情報要求が充足することを終結点とする一連の過程とする。

この一連のレファレンス質問の処理過程を，レファレンス係員が行う実務的な処理活動の観点から，便宜的にいくつかの段階に分け，その段階を順を追って進行する形の流れ図として示してみよう（3-2図）。

このモデルは，本章3節で説明する各段階に対応するようにした。もちろん，ここに示したのは，あくまでも一つのモデルであって，レファレンス係員がすべてのレファレンス質問に対して，必ずこのモデルどおりのやり方をしているわけではない。熟練したレファレンス係員は，むしろ特に各段階を意識せずに，あるいはまた，質問によってはいくつかの段階を省略して，利用者に回答を提供している。しかし初学者は，常にこのプロセスを意識して質問処理を行う方がよい。

レファレンスプロセスの効率化を図るためには，実際の経験を抽象的にモデル化して検討することが有効である。また，実際に調査・探索の途中で行き詰まったような場合に，プロセスのモデルを思い浮かべることによって，行き詰

```
利用者の情報要求
      ↓
レファレンス質問の受付
      ↓
  質問内容の明確化
      ↓
質問内容の分析・解釈
      ↓
検索方針・検索語の決定
      ↓
    検索の実行
      ↓
 レファレンス質問の回答
      ↓
   利用者の要求充足
```

3-2図 レファレンスプロセスのモデル

まりの原因や，その打開策のヒントを得ることができるかもしれない。

　良いレファレンスサービスは，結局，図書館員の蔵書についての深い知識の結果であるとする考え方がある。確かに探索の実行段階では，レファレンス係員の情報源に関する知識の多寡が，利用者に提供する情報の質と量に大きく影響する。しかし，レファレンスサービスの目的から見て本当に良いサービスとは，利用者の情報要求を引き出し，それを的確に把握して，最終的にその要求を満足させることにあるので，レファレンスプロセスの前半，探索の実行に移るまでの段階の重要性を忘れてはならない。また，情報源の量的な拡大は，個人的な記憶の容量をはるかに超えているわけで，むしろ，質問の分析と解釈と，情報源の体系的な探索技法を習得することが重要である。

2．利用者の情報探索行動と情報要求の構造

（1）図書館における情報探索行動

　人間が社会生活を営むために行う諸活動において，その行動に影響を与える有意味な記号を「情報」と定義すると，私たちは日常的に実に多くの「情報」を受容していることになる。特に，社会の情報化が進み，情報を伝達するメディアが急速に発達したことにより，従来は情報にアクセスするために克服する必要があった時間的，空間的な制約が少なくなり，いつでも居ながらにしてさまざまな種類の情報を入手することができるようになった。

　図書館資料も，上記の意味での情報メディアであり，それらを利用者に媒介する図書館そのものもメディアである。図書館における利用者の情報探索行動を明らかにするためには，まず，利用者がどのような目的で図書館を利用するかについて考える必要がある。もっとも，2章4節「各種図書館と情報サービス」で述べたように，館種によって利用者層が違い，当然その利用目的も異なる。ここでは，最も広い利用者層をサービス対象とする公共図書館について考えてみよう。

　利用者がある目的をもって公共図書館に足を運ぶ理由は，一般的にはその図書館が所蔵する資料の利用を意図してのことであろう。すなわち，情報メディ

アとしての図書館資料から何らかの情報を得ることを目的として，時間と労力を費やして図書館へ出向くのであろう。ただし，この場合の「情報」とは，先に定義したように，広い意味での情報であり，「知識」と言い換えることも可能である。マッハルプ（Fritz Machlup）は，知っている者が知っていることを主観的にどうみているかを基準として，知識を次の五つに分類することを提案した[3]。

①実用的知識……仕事，決定，処置に役立つ知識で，本人がどんな活動をしているかによって次の六つの型に細分類される。専門知識，実務知識，作業知識，政治的知識，家事知識，その他。

②教養的知識……知的興味を満足させるような知識で，一般教養教育，人文や自然科学の理解，文化一般といった内容を構成する。

③世間話的・娯楽的知識……知的とはいえないような好奇心や軽い娯楽および感情的刺激を求める欲望を満足させるような知識で，町のうわさ話，犯罪や事故のニュース，軽い小説や物語，笑い話，ゲームなど。

④宗教的知識……神とか魂の救済方法という宗教的知識に関するもの。

⑤余分な知識……興味の外にあり，通常，偶然に得られて，目的もなく知識として残るもの。

利用者が公共図書館において求める知識（情報）は，この5種類の知識の⑤を除く，①から④までのいずれかの知識（情報）であるといえるであろう。ただし，1章で述べたようにインターネットの普及に伴い，①や③（そして⑤）の知識については，インターネットから得るケースが増えているものと思われる。

利用者が，これらの知識を得るために図書館資料をどのように利用するかについては，知識の種類，必要とする情報量，あるいは情報の受容の仕方などによって異なる。たとえば，①の実用的知識の入手を目的として，館内で事典や新聞記事を調べる場合もあるし，③の娯楽的知識の入手を目的として，ミステリーを借り出す場合もある。また，①の入手を目的とする場合でも，詳細な多くの情報を入手するために，専門書や専門誌を借り出すこともあろう。資料の

---

[3]：Fritz Machlup. 知識産業. 高橋達男，木田宏監訳. 産業能率短期大学出版部. 1969, p.27.

利用形態は，大きく分けて資料全体を利用（貸出）する場合と，資料の一部を館内で参照する場合がある。図書館においてこれらの知識（情報）を得るには，図書館資料を利用する以外に，本書で扱う情報サービスを利用する方法もある。

　図書館における利用者の情報探索行動は，求める知識の種類および資料の利用形態によって違いがあるが，直接，書架にアプローチするか，閲覧目録で資料を検索するか，あるいは図書館員に質問するかであろう。開架制の図書館では，利用者は入館したら書架に直行することが多い。特に，図書館の利用経験が少ない利用者の場合には，目録の使い方や情報サービスの利用について慣れていないので，そうなりがちである。意識的に書架上の資料をブラウジングすることもあるので，一概には言えないが，書架スペースで資料を探索している利用者の中には，図書館員の人的援助を潜在的に必要としている利用者がいることを忘れてはならない。

　図書館の利用経験が多くなり，図書館における資料組織の仕組みがある程度わかってくると，書架に行く前に閲覧目録を検索する利用者も増えてくる。あらかじめ情報探索のキーワード，たとえば，求める資料の著者，書名，主題等が特定されている場合には，目録を利用する方が効率的である。しかし，目録は複雑であり，図書館員でも完全に使いこなすには，一定の知識と経験が必要である。標目に何が選定されているのか，標目の形式はどのように決定されているのか，標目の排列法はどのようになっているのかなど，利用者が目録を検索する際にも，図書館員の援助を必要とすることが多い。

　特定の事項や文献情報について調べる場合には，レファレンスルームあるいはレファレンスコーナーで，レファレンスブックや書誌・索引類を利用することになるが，この面では特に図書館員による人的援助が必要であろう。情報サービスに関わる利用者の情報探索行動については，レファレンスプロセスとの関連で解説する。

（2）利用者の情報要求の構造

　前項で述べたレファレンスプロセスのモデルでは，利用者の情報要求をプロセスの出発点とした。そもそも利用者の情報要求とは何であろうか。人間の行動に影響を与える有意味な記号が情報であるとした前項での定義に従えば，利

用者が社会生活を営む上で行う何らかの活動に関連して，その問題解決のために図書館に求める知識が，情報要求の内容ということになろうか。

テイラー（R. S. Taylor）は，図書館における情報探索行動に関連して，情報要求を次の4段階に分けている[4]。

① visceral need（現にあるが，まだ意識化される以前の要求）
② conscious need（頭の中に意識化された要求）
③ formalized need（明確に表現された要求）
④ compromised need（情報システムに合うように処理された要求）

まず，質問者の心に漠然とした要求が生じ，それが質問者自身によって意識化（意識内で対象化）される。次に，それが明確な形に外部表現され，最後に求める情報を実際に探索できる形に，つまり情報システムに合うように調整される。

この4段階の中で，質問者の真の情報要求はどの段階であろうか。利用者のレファレンス質問を受け付けるレファレンス係員の立場からすれば，とりあえずは③であろう。そして③が④に正確に反映されれば，情報システムを④で検索してみることになる。しかし，④による検索がうまくゆかない場合には，③から④への翻訳を検討し直さなければならないが，その際，③の表現自体を検討する必要も出てくる。さらに，②と③の関係にまで遡さかのぼって確認しなければならない事態も起こり得る。②と③の関連が質問者自身において明確になっていない場合もあるからである。いずれにしても，②から④までのプロセスは，質問内容の明確化のために，質問者とレファレンス係員が共同して行うことになろう。

ライン（Maurice B. Line）は，利用者研究が対象とする概念を整理して，need（s）［必要性（必要とするもの）］，want（s）［欲求（欲するもの）］，demand（s）［請求（請求するもの）］，use（s）［利用（利用するもの）］，および requirement（s）［要求（要求するもの）］の明確な概念的区別と定義を提案

4：Taylor, Roberts S. Question-negotiation and information seeking in libraries. College and research libraries. 1968, vol.29, no.3, p.178-194.

した[5]。

「必要とするもの」とは，個人が仕事，研究，啓発，レクリエーションなどのために必要とする何かである。研究者の場合に必要な情報とは，研究を進めると想定されるものである。「必要とするもの」は「欲求するもの」であると認められる場合もあるし，認められない場合もある。

「欲求するもの」とは，個人が得たいと思っている何かであって，この「欲求するもの」は図書館に「請求するもの」として実際に現われる場合もあるし，そうでないこともある。

「請求するもの」とは，個人が実際に求める何かである。より正確に言えば，望ましいと考えられた（満たされた時，その請求したものは結局，「欲求したもの」でないことがわかるかもしれない）情報に対する請求である。「必要とするもの」と「欲求するもの」の中には，潜在的な「請求するもの」があることがある。

「利用するもの」とは，個人が実際に利用する何かである。「請求するもの」の中には，潜在的な「利用するもの」がある。この「利用するもの」は，「請求するもの」「欲求するもの」が「請求されたもの」，そして「必要とするもの」が「欲求されたもの」の部分的な指標であり得るが，実際の「利用するもの」から，しばしば，あいまいで明言されない「必要とするもの」へと，次第に識別が困難になる。

最後に，「要求するもの」とは，「必要とされるもの」「欲求されるもの」，および「請求されるもの」を包括するのに採用され得る共用語である。「必要とするもの」についての多くの研究は，実際にはこの「要求するもの」の研究であった。

情報利用における必要性の問題は，科学者の情報要求を科学的に解明することを目的とする利用者研究においても，その研究調査の枠組みにかかわる重要な論点となっている。

メンツェル（Herbert Menzel）は，「価値があるのは，利用者が欲しいと思っている情報ではないし，"利用者に良い"情報でさえなく，科学にとって，

5：Line, Maurice B. Draft definitions:information and library needs, wants, demands and uses.Aslib Proc. 1974, vol.16, no.2, p.87.

すなわち科学研究の進歩にとって良い情報である。」[6]と述べている。そして，利用者研究と世論調査との混同を批判して，科学者に何がなされるべきかについて質問することからは，科学研究にとっての必要性を導くことはできないとして，"ある科学研究集団の情報要求とは何か"という問いは誤りで，"科学的伝言が科学者の間で伝達されるメディア（科学情報システム）は，その科学研究集団の研究の生産性に貢献すると考えられるどんなサービスを行うことができるか"という問いに変更すべきであると主張した。

　レファレンスプロセスの出発点を利用者の情報要求としたことから，利用者の情報要求とは何かということについて考えてきたわけであるが，科学者の情報要求についてはもちろんのこと，一般の利用者の情報要求に関しても，上記と同様な問題があることを理解しておくべきであろう。

3．レファレンスプロセス

　ここでは，本章の1節で示したレファレンスプロセスのモデルに沿って，プロセスの概略について説明する。なお，本シリーズの第7巻『情報サービス演習』において，演習との関連でレファレンスプロセスの実際を解説しているので，なるべく重複を避けて，各段階の問題点と考え方を中心に解説することとする。したがって，実務的な流れと留意点に関しては，『情報サービス演習』の該当部分を参照されたい。

（1）レファレンス質問の受付

　レファレンス質問（reference question，参考質問ともいう）とは，「何らかの問題解決のために，必要な情報を求める図書館利用者によって，図書館員に対してなされる質問」のことである。レファレンス質問をタイプ別に分けると，図書館の施設・資料・機能などに関して案内あるいは指示を求める指示的質問（directional questions），図書の選び方や一般的情報探索法などに関して助言・

---

6 : Menzel, Herbert. Can science information needs be ascertained empirically. InCommunication:concept and perspectives, edited by L.Thayer.Spartan Books, 1966, p.280.

指導を求める質問（readers' advisory questions），基本的なレファレンスブックを情報源として即答が可能な簡単な事実に関する質問（ready reference questions），さまざまな情報源を探索，調査しないと回答が得られないような事実に関する質問（search questions あるいは research questions）が挙げられる。

　レファレンス質問は，口頭・電話・文書で寄せられる。インターネット上に図書館のホームページを開設し，そこで質問を受け付けている場合には，電子メールのこともある[7]。質問を受け付ける際には，簡単な質問で即答が可能な場合を除いて，質問者と対話をしながら質問内容の要点を記録しておく必要がある。多くの図書館では，前もって質問受付（あるいは記録）票を用意しておき，それに必要事項をメモするようにしている。

　このレファレンス質問受付（記録）票は，質問の受付から回答までのレファレンスプロセスのすべての過程の要点を記録できるように設計しておくとよい。具体的にどのように設計するかについては，個々の図書館で独自に工夫されるべきであるが，以下に記録しておくべき事項を列挙してみる[8]。

　①質問者の属性に関する事項
　②質問内容に関する事項
　③探索過程に関する事項
　④回答内容と情報源に関する事項
　⑤担当者に関する事項

　次にレファレンス質問受付（記録）票との関連で，レファレンス記録の意義についてふれておこう。まず，レファレンスプロセスの効率化を図る上での意義である。

　①質問者の属性および②質問内容に関する事項は，質問の受付段階で質問者の情報要求を把握するのに役立つ。質問者の属性は，質問の動機や目的を推察する手掛かりとなる場合があり，質問内容をメモするということは，その過程

7：デジタルレファレンスサービスという。2章3節（p.27）を参照。
8：詳細な項目の例は，たとえば以下を参照。「レファレンス協同データベース事業データ作成・公開に関するガイドライン　ver.1.2」http://crd.ndl.go.jp/jp/library/guideline.html，（参照2012-03-05）。

で質問内容を明確化することにつながるからである。ただし，質問者の属性に関する事項は絶対に必要というわけではなく，質問者のプライバシーを尊重する観点から，質問者が自ら申し出た場合は別として，レファレンス係員が対話の中で観察した程度でもよい。

③探索過程に関する事項は，記録票の設計を工夫すれば，質問の分析と解釈および探索方針の策定のためのチェックリストとして用いることもできよう。

④回答内容と情報源に関する事項は，記録票をインフォメーションファイルとして蓄積しておけば，後で同様な質問があった時に参考にすることもできる。そのほか，スタッフミーティングでプロセスを検討する際の資料としたり，初任者の研修用の資料として使用することもできる。

⑤担当者に関する事項は，プロセスの途中で担当者が交代する場合があり，また，図書館全体としてサービスを行っていることから，責任の所在を明らかにしておくために必要である。

レファレンス記録のもう一つの重要な意義は，レファレンスサービスを評価する際の資料となることである。レファレンスサービスの業務内容を評価することは，他の図書館業務，すなわち整理業務や閲覧・貸出業務を統計的に評価するのとは異なる面がある。他の業務を統計的に評価する尺度は，たとえば整理冊数であるとか貸出冊数のように，比較的数量化することが容易であるが，レファレンス質問の処理に関しては，質問件数だけでは不十分である[9]。レファレンス質問は1件ごとにかなり質的な差があり，それを処理するための業務量にも相当な幅がある。したがって，業務量を正当に評価するためにも，記録票の活用を考えなければならない。逆に，記録票を業務統計の資料として使用することを前提にするのであれば，記録票を設計する際に，上記の①から⑤までの事項の他に，たとえば質問を受け付けた時刻と回答した時刻など，統計処理が可能になるような事項を加えておく必要がある。

(2) 質問内容の明確化

レファレンス係員は利用者から質問を受けたら，まず質問内容を明確に把握

9：以下の資料でも，レファレンスサービスの効果の指標化が困難であることが述べられている。JISX0812：2007．図書館パフォーマンス指標．

しなければならない。前節で利用者の情報探索行動と情報要求の構造について述べたが，ここで言う質問内容の明確化は，利用者が問題解決のために真に必要とするものを明らかにするというよりは，とりあえず，まず利用者がレファレンス係員に実際に尋ねる（請求する）ものを明確にすることであり，場合によってはそれが利用者の知りたい（欲する）ものと一致するかどうかを確認することである。

具体的には，質問を受けたら，まず最初に，利用者の言ったことを，自分の考えを加えずにわかりやすく復唱するのがよい。そうすることによって，利用者は自分の言ったことがレファレンス係員に通じたかどうか，逆にレファレンス係員は利用者の言ったことを正確に把握しているかどうかを確認することができる。また復唱することが，質問に関して，さらにより多くの情報を引き出すきっかけになることが多いからである。

レファレンス質問は，質問者がわからないことについてなされるので，何がわからないのか，あるいは何を知りたいのかについて，言葉で表現すること自体にも，本来あいまいさを伴うことが多い。また，質問することに慣れていない質問者の一般的な心理として，自分の質問は取るに足らないものではないのかという不安や，図書館員の手を煩わすことへの遠慮があり，質問内容を一般化したり，婉曲(えんきょく)に言う傾向がある。

マウント（E. Mount）は，質問者が最初の段階で，不適切で不完全な質問をしてしまう原因について考察し，次の九つの要因を挙げている[10]。

①質問者が蔵書の深さと質について知らない。
②質問者が利用できる参考資料について知らない。
③質問者が特定のツールで使われている用語について知らない。
④質問者が求める情報を必要とする理由について明らかにしたがらない。
⑤質問者自身が何を真に求めているかについて明確にしていない。
⑥質問者が質問するのに不安を抱いている。
⑦質問者が秘密にしておきたい質問なので，本当の内容を明らかにできないと思っている。

10：Mount, Ellis.Communication barriers and yhe reference question. Special libraries. 1966, vol.57, p.575–578.

⑧質問者がレファレンス係員を嫌っている（あるいは逆にレファレンス係員が質問者を嫌っている）ので、自分が本当に知りたいことについて話すことを避ける。
⑨質問者がレファレンス係員の能力について信頼していない。

　レファレンス係員は、レファレンス質問を受けた初期の段階では、まず、質問者が質問内容を明確に表明できるように援助しなければならない。このためには、質問者の心理をよく理解して、質問者が安心して相談できるような雰囲気をつくり出すこと、また質問者との間に信頼関係をつくり出すことが肝要である。
　ジャホダ（G. Jahoda）らは、質問内容を明確化するための具体的なチェック・リストとして、次の7項目を挙げている。
①それは質問者が真に求めているものであるか？
②求められている情報のタイプが明確になっているか？
③質問の主題がはっきりわかっているか？
④質問の表現にあいまいな点はないか？
⑤求められている情報の量がはっきりしているか？
⑥求められている回答のレベルが明確になっているか？
⑦その質問は許容される時間内に回答可能なものか？

（3）質問内容の分析と解釈

　レファレンス係員が質問内容を明確に把握したら、次に、質問内容の分析と解釈を行う。この質問内容の分析と解釈は、質問者の情報要求と、その要求を充足することが期待される情報源との間の橋渡しをするのに不可欠なプロセスである。前に述べたレファレンスシステムのモデル（3-1図）に即して言えば、質問者の思考システムと情報システムとを、レファレンス係員の思考システムを媒介として結びつけるための手段として行われるのである。したがって、この分析と解釈は、具体的には一定の観点から、すなわち情報システムとの関連でなされることになる。
　質問内容の分析は、どのようにすればよいのであろうか。結論から先に言えば、質問内容を、ⅰ何について、ⅱどのようなことを知りたいのか、という二

つの構成要素に分けて考えることである。伝統的形式論理学（名辞論理学）では人間の思考の根本形式を「判断」というが，この「判断」は，問いに対する答えとしての意味をもっている。また，この「判断」を「SはPである」という形式で断定したものが「命題」である。したがって，一般に判断は，主語（S）と述語（P）との関係で示される。このように考えると，質問内容の構成要素である⒤と⒢は，問いに対する答えとして求められている判断の，⒤主語と⒢述語であるということもできよう。

ジャホダ（G. Jahoda）とブロウナゲル（J. S. Braunagel）は，⒤情報要求の主題（何について）を与件（the given），⒢その主題について必要とされる情報のタイプ（どのようなことを知りたいのか）を情報要求（the wanted）と呼び，ほとんどの与件と情報要求のタイプはディスクリプタ（descriptors）と呼ばれる，限られた数の索引用語に分類することができるとして，それぞれを次に示すディスクリプタのチェックリストにまとめている[11]。

このチェックリストで質問を分析した例をいくつか挙げてみよう。

例1　"JSTとは，何という組織の略称か？"という質問の与件は「略語」であり，情報要求は「組織体」である。

例2　"琵琶湖の面積はどのくらいか？"という質問の与件は「場所（固有名）」であり，情報要求は「数値情報—測定値」である。

例3　"徳川慶喜が生まれたのはいつか？"という質問の与件は「人物（固有名）」であり，情報要求は「日付」である。

例4　"セクシャルハラスメントに関する文献を調べたい"という質問の与件は「用語あるいは主題」であり，情報要求は「書誌」である。

例5　"OPACとはどういう意味か？"という質問の与件は「略語」であり，情報要求は「定義—記号」である。

例6　"図書館雑誌の創刊号は，どこの図書館で見られるか？"という質問の与件は「特定の出版物」であり，情報要求は「所蔵場所」である。

ジャホダとブロウナゲルは，質問内容をその構成要素に分析して，より一般的な概念（ここではディスクリプタ）の組合せで表現することにより，情報源

11：Jahoda, Gerald; Braungel, Judith Schiek. The Librarian and reference queries. Academic Press. 1980.

3-1表 与件および情報要求ディスクリプタのチェックリスト

与件（given）	情報要求（wanted）
略語 組織体（固有名） 人物（固有名） 場所（固有名） 用語あるいは主題（上記以外の） 特定の出版物	日付 図表など 数値情報 　　属性（科学的に測定された） 　　統計量（計数値を含む） 組織体 人物 住所あるいは位置 出版物 　　書誌 　　所蔵場所 　　書誌データの確認あるいは完全化 文献的情報 　　定義―記号 　　推薦 　　一般的あるいは背景的情報

と関連づける仕組みをつくることを意図しているのである。

　次に，質問の解釈を行う。ここでいう解釈とは，情報システム，すなわち情報源および情報源で用いられている索引語との関連で解釈することである。質問の分析で得られた概念を，情報源の特定化と，その情報源から該当する情報を引き出す際に用いる語彙（検索語）の決定に向けて再構成することである。

　質問内容と情報源を媒介する方法に関して，さまざまな工夫が試みられている。原理的には，質問と情報源の内容を分析して抽象的に類型化するための準拠枠を決めて，あらかじめ情報源をその準拠枠に従って類型化しておき，個々のレファレンス質問を同じ方法で類型化して，両者を突き合わせる方法が考えられる。

　ジャホダとブロウナゲルは，前述した与件および情報要求ディスクリプタのチェックリストによって，情報源の種類別に分析し類型化している。

　例1　伝記的資料のディスクリプタ
　　　　与　　件：人物
　　　　情報要求：日付，図表など

例2　蔵書目録および総合目録のディスクリプタ

　　　　与　　件：組織体，人物，場所，用語—主題，特定の出版物

　　　　情報要求：日付，組織体，人物，書誌，所蔵場所，書誌データの確認あるいは完全化

例3　辞書のディスクリプタ

　　　　与　　件：略語—記号，人物，場所，用語—主題

　　　　情報要求：図表など，数値的情報—測定値，数値的情報—計数値，組織体，住所—位置，定義—記号

例4　百科事典のディスクリプタ

　　　　与　　件：組織体，人物，場所，用語—主題

　　　　情報要求：日付，図表など，数値的情報—測定値，数値的情報—計数値，組織体，人物，住所—位置，書誌，定義—記号，背景的情報

例5　索引，書誌，抄録のディスクリプタ

　　　　与　　件：組織体，人物，場所，用語—主題，特定の出版物

　　　　情報要求：書誌，所蔵場所，書誌データの確認あるいは完全化，背景的情報

　個々の情報源の評価票を作成する際に，その情報内容に応じてディスクリプタを付与してデータベース化しておけば，質問の与件と情報要求のディスクリプタの組合せで検索することにより，情報源を特定化する手がかりを得ることができよう。

　神戸市立図書館で試みられた方法は，質問内容を，A類　総合，B類　人事・人名，C類　地誌，D類　用語，E類　書誌，F類　統計・数字，G類　図譜・写真，H類　資料集，I類　年表・年譜，J類　その他，に分類して，これを縦の軸とする。そして横の軸に日本十進分類法（NDC）の分類（100区分）をとり，このマトリックスに番地を与えて，そこに個々のレファレンスブックを分類しておくというものである[12]。

　また，長澤は，求める情報の種類を，まず，「本とその部分」「新聞と雑誌」

12：志智嘉九郎．レファレンス・ワーク．赤石出版，1962．

「ことばと成句」「ものと事柄」「ときと歴史」「ところと地理」「ひとと機関」の7分野に大別する。次に，それぞれの分野を5～8種類の項目に分けて図表化し，そこにその種類の情報を提供するレファレンスブックのタイプを対応させる工夫をしている[13]。

図書館で独自に情報源を導き出すツールを作成していない場合には，レファレンスブックの解題（注解）書誌や書誌の書誌を用いて，情報源を特定する方法もある。日本の代表的なレファレンスブックの解題書誌である『日本の参考図書第4版』[14]では，書誌・索引類を含むレファレンスブックを，「日本十進分類法（新訂9版）」に準拠して，総記，哲学，歴史，社会科学，自然科学，技術，産業，芸術，言語，文学の10部門に大別し，さらにその中を第3次区分表に準じて細分しており，目次でその分類体系を示している。また，索引として書名索引と事項索引（件名の五十音順）を用意している。

（4）探索方針の決定と探索の実行

質問内容の分析と解釈から情報源の特定化ができたら，次に探索を実行することになるが，その前に探索方針を決める。探索の実行に移る際に最小限必要な前提条件は，次の二つである。

①探索すべき情報源を特定化すること
②特定化された情報源を検索するためのキーワードを決めること

即答可能な軽微な質問の場合には，これだけで十分であるが，調査を必要とする質問（search question），特にある主題や人物に関する文献を求める質問の場合には，さらにいくつかの条件を事前に決めておく必要がある。具体的には，たとえば，次のような事項である。

③求める情報がどの期間のものであるかを明確にすること
④提供する情報がどの言語のものであるかを限定すること
⑤質問者が必要とする情報の水準と量を聞いておくこと
⑥回答の様式を決めておくこと

13：長澤雅男. レファレンス・ブック：なにを・どうしてもとめるか. 補訂版, 日本図書館協会，1981.
14：日本の参考図書編集委員会編. 日本の参考図書. 第4版, 日本図書館協会，2002.

⑦質問者とレファレンス係員が許容し得る探索時間を決めておくこと

　もちろん，上記の諸条件は，すべてのレファレンス質問に一律に適用すべきものではない。質問によって当然探索方針として決めておくべき条件は異なる。

　また，実際に探索を実行してみて，うまくいかない時には，探索方針を変更したり，さらには質問内容の分析と解釈を変えなければならないこともあり得る。

　決定された探索方針に基づいて探索を実行する際に，レファレンス係員に求められるのは，効果的でしかも効率的な探索である。効果的な探索とは，質問者の要求を充足する情報を見出すこと，また，効率的な探索とは，有効な情報を最小限の時間と労力で発見することである。

　探索の具体的な技法は，情報システム，すなわち情報源システムと，特定の情報源の中から必要な情報を検索するための語彙のシステムによって異なる。すなわち探索の対象とする情報源が提供する情報の範囲，記述様式，情報項目の排列法，補助的な検索手段として用意されている索引などにより，また，情報項目の排列や索引の排列に使用されている用語（索引語）によって，探索の技法も異なる。これらのことについては，オンライン・データベースは別にして，冊子体の情報源では，通常，「はしがき」や「凡例」で解説しているので，検索に入る前に必ず確認しておくべきである。

(5) レファレンス質問の回答

　情報源から有効な情報が得られたら，それを質問者に提供する。この段階で質問者の情報要求が充足されれば，これまで述べてきた一連のレファレンスプロセスが終結することになる。質問者が回答に満足しなければ，プロセスの必要な段階に戻って，やり直しをしなければならない。

　回答の様式は，3節の(1)で述べたレファレンス質問のタイプによって異なるが，同じタイプの質問についても，個々の図書館のサービス方針によって違いがある。たとえば，特定の事実や文献に関する情報を提供する場合に，情報そのものを提供するか，その情報を入手するための情報源（資料）を示し，その利用の仕方を指導するかの違いである。個々の図書館がどちらの回答様式を採っているかについては，その図書館のサービス方針による。

日本図書館協会公共図書館部会参考事務分科会が1961年に作成した「参考事務規程」では，回答事務の原則として，次の4か条をかかげている。

　　3条　回答事務は資料を提供することを原則とする。
　　4条　前条の規程にかかわらず，軽微な質問であって資料の裏付のあるものに限って解答を与えてもよい。
　　5条　自館で資料を発見出来ない場合には適当な他の図書館または，専門機関・専門家への紹介または照会をはかる。
　　6条　3条から5条までの範囲を越える便宜または利益の供与はしない。

　この「参考事務規程」の原則は，現在でも専門図書館以外の館種の多くの図書館で採用している方針であろう。大学図書館および学校図書館においても，学生・生徒のレファレンス質問に回答する場合，学生・生徒自身に調べさせることに教育的価値を認めて，情報そのものを提供せずに，情報の所在を指示したり，資料を提供したり，あるいは利用法の指導にとどめることが多いからである。

　回答の内容は，特に情報（解答）そのものを提供する場合には，正確で客観的なものでなければならないのが基本原則であるが，このことは結局，情報源の正確さと客観性に依存しているといえる。したがって，信頼できる情報源（資料）を用いることは当然のこととして，可能な限り複数の情報源を参照することが望ましい。また，場合によっては，情報源によって情報内容が基本的に異なることもあり得る。こうした場合には，レファレンス係員が勝手に適否の判断をするのではなく，そのまま質問者に提示すべきである。

　質問を受けた図書館が保有する情報源では対応できずに，解答が見出せないと回答せざるを得ないこともある。このような場合には，外部の情報源を紹介するなどして，質問者が次の行動をとれるように指導（案内）をすべきである。

　回答は，効率的な探索によって，できるだけ速やかに行う必要がある。探索に使える時間は，探索方針としてあらかじめ確認しておくこともあるが，特に決めておかなくても，質問者とレファレンス係員の双方に許容し得る限度があるはずである。図書館員による人的援助に関しても，"利用者の時間を節約する"という図書館サービスの原則は変わらない。

　回答の制限としては，図書館の方針として質問の受付の段階で制限する場合

と，レファレンスプロセスにおいて種々の事情から結果的に回答が制限される場合とがある。

前者の例としては，前に述べたように学生・生徒に対するサービスの場合とか，質問の内容が図書館で扱うのに適していない場合，さらには特定の質問者から集中的に多量の質問が出された場合などがある。後者は，図書館全体の能力，すなわち物的および人的資源の質と量によって，回答の内容とか様式が結果的に制限される場合である。先に引用した「参考事務規程」では，以下のように規定している。

> 7条　他人の生命・名誉・財産等に損害を与え，または社会に直接悪影響をおよぼすと見られる問題は受け付けない。
> 8条　次の各号に該当する質問には解答を与えてはならないと共に資料の提供も慎重でなければならない。ただし問題によっては専門機関・専門家を紹介する。
> 　a．医療・健康相談
> 　b．法律相談
> 　c．身上相談
> 　d．仮定または将来の予想に属する問題
> 9条　次の各号に該当する質問には解答を与えない。
> 　a．学校の宿題
> 　b．懸賞問題

このほかにも，図書館で扱うのに適していない問題はいろいろ考えられるが，要するに，専門職としての図書館員に許される判断の領域を越える問題，あるいは逆に言えば，他の専門職の判断に委ねるべき問題は，制限事項になるであろう。ただし，レフェラルサービス，特に公共図書館における案内紹介サービスは，図書館が直接扱うには適していないが市民生活に密着した問題に関する質問を積極的に受け付け，適当な専門機関を紹介し，また実際に案内することによって，質問者の情報要求に応えようとするサービスであることを知っておく必要がある。

図書館全体の力量によって結果的に制限されることについては，レファレンスコレクションなどの情報源を整備し，レファレンス係員の資質の向上を図ることなどにより，制限範囲が縮小するように努めなければならない。

（6）レファレンスインタビュー

　利用者の情報要求を出発点としてその要求の充足を終結点とするレファレンスプロセスは，レファレンス係員と質問者が共同で行う問題解決の重要なプロセスである。

　このレファレンスプロセスにおいて，レファレンス係員と質問者のコミュニケーションのためのやりとりをレファレンスインタビュー（reference interview）という。

　レファレンスインタビューも面接の一種なので，ここで面接法一般についてまとめておこう。岡野は，面接の種類として次の三つを挙げている[15]。

　①「与える」面接　G（ive）型……面接者が被面接者に対して，目的に応じた情報や資料を与える面接。

　②「引き出す」面接　T（ake）型……対象者から，特定の目的に応ずる真実を，できるだけ多く引き出す面接。

　③①と②の混合　TG 型

　また，面接の目的として，①情報獲得，②意思決定，③問題解決，④勧告・説得・指導，の四つを挙げ，①と②はT型，③はTG型，④はG型の面接であるとする。

　レファレンスインタビューにこの面接法を適用してみると，レファレンス係員が面接者，質問者が被面接者（来談者）であり，面接の種類としては，③のTG型ということになろう。この型の面接には，人事や教育に関する相談，また医事相談や法律相談がある。来談者が何らかの問題をかかえ，その解決を求めて面接に臨むタイプの面接である。

　この型の面接の場合，来談者側の発言内容は，「訴え，尋ね，説明を求める」もので，一方，面接者側の発言内容は，「尋ね，共に考え，あるいは追求し，説明を加え，場合に応じて示唆や助言を与える」ものであり，面接者としては，相手の立場に共感を示しながら，訴えの動機や問題の背景に考察をめぐらす構えが必要であると，岡野は指摘している。

15：岡野弘. 面接：その心理と理論. 高文堂出版社. 1980.

レファレンスインタビューにおけるレファレンス係員の立場も，基本的にはこの面接者の立場と同様である。質問内容の明確化，質問内容の分析と解釈，探索方針の決定のためには，質問者から多くのことを「引き出す」ことが必要である。その際には，質問者の立場をよく理解し，場合によっては，質問の動機や，質問の背景となっている質問者自身のさまざまな属性を把握することも必要となる。また，質問者から「引き出す」ということには，質問者の言葉からだけではなく，態度や身振り手振りなど身体的表現から「引き出す」ことも含まれる。そして，質問の回答段階では，質問者の問題解決に必要な情報や資料を「与える」ことになる。レファレンス係員の資質の一つとして，優れた面接者であることが要請されるといっても過言ではない。

キング（G. B. King）は，レファレンスインタビューの実際的な技法として，「自由な応答を求める問いかけ」（open question）と，「選択的な応答を求める問いかけ」（closed question）の使い分けを提唱した[16]。

「自由な応答を求める問いかけ」とは，どのように応答するかは質問者に任される問いかけで，「なにが」「いつ」「どのように」「だれが」「どこで」という形で問われる。これに対して，「選択的な応答を求める問いかけ」とは，「はい」か「いいえ」のいずれか，あるいは選択肢のどれかを選ぶ形で答えることが求められる問いかけである。

キングは，質問者とのやりとりの前半の段階では，「自由な応答を求める問いかけ」を，そして質問者とのやりとりの後半の段階では，「選択的な応答を求める問いかけ」をすべきであるとする。レファレンス質問の受付および質問内容の明確化の段階では，質問者が自分の情報要求について自由に話すことを促すことが重要であるのに対して，質問内容の分析と解釈および探索方針の決定の段階では，情報源の特定化や検索語の抽出など，質問内容を図書館の情報システムで検索できるように翻訳する必要があるからである。

インターネットのWeb上で自学自習するための優れた教材として知られている「Ohio Reference Excellence（ORE）Web-based Training」[17]では，レフ

16：King, G.B. The reference interview:open and closed question. RQ, 1972, vol.12, p.157-160.
17："ORE on the Web". 2007-12. http://www.olc.org./ore, (参照 2011-8-30).

ァレンス係員のレファレンス行動モデルのチェックリストとして，次のような項目を挙げている。

①近づきやすさ（approachability）
　— 笑顔で応対すること
　— 視線を合わせること
　— 親しみのある挨拶をすること
　— 目の高さを保つこと

②安心（comfort）
　— くつろいだ口調で話すこと
　— 利用者に合わせること

③関心（interest）
　— 視線を合わせるのを維持すること
　— 思いやりのあるコメントをすること
　— 最大限に注目すること

④傾聴（listening）
　— 口をはさまないこと
　— 言い替えること
　— 明確にすること

⑤質問（inquiring）
　— くわしく探ること（「自由な応答を求める問いかけ」をすること）
　— 確認すること

⑥探索（searching）
　— 最初の情報源で答えを見出すこと
　— 別の情報源も探索すること
　— 常に利用者に知らせること
　— 案内・紹介を申し出ること

⑦情報提供（informing）
　— 明瞭に話すこと
　— 回答が理解されたかどうか確認すること
　— 情報源に言及すること

⑧追加確認（follow-up）
　—　質問に完全に答えているかどうか尋ねること
　—　他に追加質問がないかどうか尋ねること

　電子メールによる質問・回答サービスを行う場合でも，レファレンスインタビューが重要であることに変わりはない。ストロー（Joseph E. Straw）は，対面インタビュー（face-to-face interview）と電子的インタビュー（electronic interview）を比較検討し，「コミュニケーション・テクノロジーの変化にかかわらず，レファレンスインタビューはレファレンス業務処理の中心にあり続けるであろう。」として，効果的な電子インタビュー技法についていくつかの提言をしている[18]。

　①どのような時に電子インタビューを用いるのが適当であるのかを考える必要がある。電子メールのような手段は，少ない情報源や限られた追加調査だけを要する短い業務処理に向いている。

　②近づきやすさの問題は，伝統的なレファレンス・デスクにおけるのと全く同様に，電子的環境においても重要である。バーチャルな近づきやすさ（virtual approachability）を作り出すためには，利用者に適切な場所に質問を送らせるような直感的なシステムを開発する必要がある。また，最初の通信を受けたら，ただちにメッセージを受け取った旨の返事をすることも大事である。

　③単なる事実を超えた質問の場合には，レファレンス係員は対面インタビューの時と同様に，「選択的な応答を求める問いかけ」と「自由な応答を求める問いかけ」を併せて用いることができる。電子メールによるやりとりで説明するためには，新しいメッセージを作成して送信することが必要である。また，電子的なコミュニケーションは，メッセージの行間を読み，解釈することについて，レファレンス係員の技能を試すことになるであろう。

　④電子的手段は，やりとりが成功であったか失敗であったかについて，利用者から反応を得るためには最適の方法である。また，オンラインで質問に回答することは，レファレンス係員にとって，利用者から別の質問を引き出したり，

---

18 : Straw, Joseph E. A virtual understanding. The reference interview and question negotiation in the digital age. Reference & user services quarterly. 2000, Vol.39, no.4, p.376–379.

図書館が提供する他の情報源やサービスを提示する絶好の機会である。

　⑤電子的，また電子メールによるコミュニケーションの出現は，良い聞き手であることの責任からレファレンス係員を解放したわけではない。この技能は，伝統的な対面インタビューから引き継がれなければならないことに疑いはない。また，おそらく電子的レファレンスインタビューの重要な要素は，書き言葉のコミュニケーションである。レファレンス係員は，良く整理されていて，簡潔で，しかも論理的なメッセージを書くことができなければならない。

4章 レファレンスサービスの理論と実際―2

レファレンスサービスの実施にかかわる具体的問題

1．レファレンスサービスの企画と実施

(1) レファレンスサービスの実施と経営資源

a．情報サービス選択のための方式

　レファレンスサービスに代表される情報サービスの意義とその重要性については，2章2節「図書館による情報サービスの意義と構成要素」の中の「(1)図書館が情報サービスを提供する意義」で説明した。

　では，レファレンスサービスは，図書館において，実際にはどのように行われるのであろうか。図書館を運営する立場から考えると，レファレンスサービスとは，利用者の情報ニーズ等に対して，図書館が活用できる人的資源，情報資源，設備・機器など（これを，一括して図書館の経営資源という）を動員して答える活動である，ということができる。また2章2節の中の「(2)情報サービスを構成する要素」で，情報サービスは，利用者，図書館員，情報源の3要素によって成立すると述べた。つまり，レファレンスサービスをはじめとする情報サービスは，利用者に対して，図書館員，情報源のその他の経営資源によって，図書館が有益な情報を提供する行為であると述べることができる。

　したがって，図書館は，利用者の置かれた状況や，図書館自身の保有する経営資源の状況で，どのような情報サービスを提供すれば最も効果的なのかを，検討して企画実施する必要がある。そのことについては，2章4節「各種図書館と情報サービス」に記述されている。ここでは，それをさらに展開する形で，サービスの選択について述べる。

　図書館がさまざまな情報サービスのうち，現実にどのサービスを企画・実行

するかを決めるときには，選択されたサービスによって受ける利用者の便益と，それを実施するために必要な図書館側のリソースを明らかにして検討し，そのバランスの上に立って決定をする必要がある。ここでは，一つの考え方の枠組みを示す。

　利用者の便益については，つぎの諸点を挙げることができる。

　①教育効果……利用者にとって，自分の必要に応じて図書館を使いこなし，自分の情報ニーズを満たすための情報探索の方法を習得する効果がある。

　②問題解決……利用者の抱えている問題を解決するためのヒントや解答そのものが，情報サービスから得られる。

　③思考支援……情報サービスによって，利用者の思考に刺激を与える触媒的効果がある。

　④方向づけ……情報サービスにより，利用者の知的作業の方向を転換させる契機になるような情報を提供する。

　⑤情報探索・情報入手……情報サービスを担当する図書館員が，利用者の代わりに，利用者にとって役立つ情報を発見して手に入れる。

　一方，図書館側が利用できる経営資源の種類と性質については，以下の諸項目がある。

　⑥スタッフの専門性……利用者の要求にあった情報サービスを効果的に展開するには，図書館スタッフの高度な専門性や豊富な経験を必要とするが，その専門性もしくはそれを発揮して仕事を行うことのできる能力を意味する。

　⑦必要な時間（対応）……情報サービスは，その準備と実施に，ある程度の時間が必要である。これは，レファレンスサービスにおける利用者への対応など，サービスの実施にかける時間のことである。

　⑧必要な時間（準備）……レファレンス資料の整備やデータベースの契約など，サービスの事前準備にかける時間のことである。

　⑨直接費用……サービスを実施するために直接かかる費用，たとえばデータベースの使用料金などである。人件費，資料購入費などは，図書館の運営について基礎的に必要な経費であるので除外して考える。

　⑩機器・設備……サービスを実施するためにはそのための機器設備が必要な場合がある。たとえばオンラインデータベース検索のためのPCやネットワー

4−1表　情報サービスの特性把握

		利用者の受ける便益					必要となる経営資源				
							スタッフ			直接費用（除：人件費　資料購入費）	機器・設備
		教育効果	問題解決	思考支援	方向づけ	情報探索・情報入手	専門性	対応	時間準備		
情報提供	質問回答サービス（レファレンスサービス） クイックレファレンス		○			△		▲	▲		
	探索・調査	△	△			○	●	●	●		
	オンラインデータベース検索		△			○	●	●	●	●	●
	書誌情報の確認・図書館相互貸借					○	▲	▲	▲		
	レフェラルサービス		△		○	△	●	▲			
継続的援助	読書相談	△		△	○	△	▲	●	●		
	カレントアウェアネス	△		○	△	△		●	●		
利用教育・利用者教育		○				△					▲

注）○大いに便益あり。△ある程度便益あり。●大いに必要。▲ある程度必要。

クなどがこれに当たる。そうした機器や設備を指す。
　これを，2章3節で述べた「直接サービス」を構成する各種の情報サービスに関して，利用者の上にもたらす効果と図書館側が必要になる経営資源ということで当てはめると，4-1表「情報サービスの特性把握」のようになる。
　たとえば，レファレンスサービスは，利用者は「情報探索」の点で大きな便益を受けるであろうし，状況によっては問題解決に資することもあろう。これに必要な経営資源は，専門性の高いスタッフと対応のための作業時間，さらにレファレンスコレクションなどの整備のための時間などである。これは，効果の高いサービスであるが，それなりの経営資源を必要とする。これに対して，レフェラルサービスは，「方向づけ」という点で利用者に貢献するが，スタッフの専門性はレファレンスサービスほどには必要ではない。
　利用指導は「教育効果」が最大の便益であり，経営資源の面では対応時間がもっとも問題である。利用案内の作成・配布は印刷コストなどの直接費用が必要であり，Web上の案内ならば利用者用の端末が必要である。この点について，詳しくは7章を参照されたい。
　オンライン検索は，情報探索が最大の便益であることは言うまでもないが，専門性の高いスタッフ，対応時間の長さ，訓練時間の長さ，データベース使用料，PCとネットワーク等，ほとんどあらゆる経営資源の項目を必要とする。また，カレントアウェアネスは，「思考支援」によって研究者を助けるという点でユニークなサービスである。準備に時間がかかるのもこのサービスの特色である。このような表に基づいて，提供すべきサービスを，受ける便益と必要な経営資源の両面からの検討によって絞り込んでゆくことが大事である。

b．現実の情報サービス選択の例

　つぎに，「情報サービスの特性把握」の表を参考にして，以下のような図書館が，情報サービスを行う場合，どのサービスを実施したら効果的か考えてみる。
　①人件費以外の予算が少ない地域の公共図書館
　②予算が潤沢な県立図書館
　③企業の研究所の図書室
　①のケースについて説明する。人件費以外の費用が少ない，ということは，

情報サービスに関わる直接費用等があまり使えないということである。したがって，多くの費用を要するオンライン検索サービスは難しい。そこで視点を変えてみると，公共図書館であることからして，利用教育に重点を置くことが考えられる。反復的利用が多いであろうことも，この方針を補強する材料である。したがって，読書相談，レファレンスサービス，利用教育，相互貸借などが考えられる。これらのサービスは，人件費や資料費以外の付加的直接費用をあまり使わないし，公共図書館の目的にも適うので，こうした小規模の公共図書館で行うのにふさわしい。ただし，レファレンスサービスを本格的に展開するためには，図書館員の専門性が問題になる。いずれにせよ，地域のぬくもりが感じられるような手作りのサービスがいいものと思われる。なお，レフェラルサービスは，狭い地域ではあまり有望ではないかもしれない。公共図書館が頼りにすべき専門機関，いわゆる「類縁機関[1]」が少ないのである。

②のケースについて説明する。予算が十分あるので，効果の高いオンライン検索サービスを行い高度な情報サービスの実現を目指すべきである。県内市町村などの図書館で行うレファレンスサービスのバックアップにもなる。さらに，難しい高度なレファレンスサービスに対応して，市町村立の公共図書館と差別化するとともに，こうした公共図書館を支援する機能をも持たせることが考えられる。

③については，公共図書館の場合は利用者が一般の人であるのに対し，利用するのは研究者，技術者などの専門家である。この人たちは，自分の領域の情報についてはよく理解している。図書室に求めるのは，ⅰ広い範囲の情報探しやⅱ研究のヒントになる情報の入手である。あるテーマについてのⅲ網羅的な情報収集を図書室に期待する場合もある。したがって，「オンライン検索サービス」（ⅰ，ⅲに役立つ），「レフェラルサービス」（ⅰに役立つ），「カレントアウェアネスサービス」（ⅰ，ⅱに役立つ）「相互貸借」（ⅰに役立つ）などが有望であろう。

特に，「思考支援」「方向づけ」といった触媒的機能を専門図書館員が果たすことができれば，研究支援において大きな効果を発揮するものと考えられる。

1：専門分野の資料を所有し，公開している専門情報機関を公共図書館の立場から呼ぶ言葉。

利用者にとって，図書館が提示する情報によってハッと思わされ，図書館員と話をすることによって心を揺すぶられる瞬間のあることが，実は必要なのかもしれない。それも情報による研究支援，経営支援の一つの姿であるといえる。

　結局，レファレンスサービスを含む情報サービスをその特性に応じて使い分けてゆくことになる。要するに，情報サービスの提供による利用者の満足をできるだけ大きくするために，サービスの選択と組み合わせを考えてゆくことが，情報サービスやレファレンスサービスの実施に当たって重要である。これは，企業が最適な製品の組み合わせを追求するプロダクトミックスの考え方に近いものがある。

c．サービスのレベル

　さらに，2章3節で説明した直接的サービスと間接的サービスの比重をどのようにしたらよいかということも問題になってくる。つまり，間接的サービスを手厚くすることは，レファレンス資料などを使って利用者が自ら調べる機会を増やすことによって，直接的サービスの割合を減らすことに繋がったり，直接的サービスの幅や深みを増すことに貢献したりする。これは，教育機関の図書館のように，情報要求や質問に一定のパターンが見られる場合に効果的である。間接的サービスを充実させることは，利用者に対する教育効果を増すことに繋がる傾向があるので，この場合は，特に有効と考えられる。

　一方，利用者の情報要求がパターン化しないビジネス情報の提供などの場合は，直接サービスに分類されるオンラインデータベース検索でそのつど，検索要求に対応する検索語を入力して検索するための設備と専門家の配備に努めた方が効果的である。この点に関しては，5章に詳述してあるので，参照願いたい。

　また，質問回答についても，たとえば，以下のような留意点がある。

　レファレンスサービスで，回答を提供する際，いくつかの方法が考えられる。

Q：○○市の最新の職業別人口は？

　たとえば，以上のような質問には，以下のような3種類の答え方が考えられる。

> A1：「〇〇市統計書」という統計資料に載っています。「国勢調査報告」も見てください。
> A2：この表のとおりです。農業……人，水産業……人，製造業……人，といった具合です。
> A3：一昨年の分は，図書館の所蔵資料で分かりますが，昨年のデータは，〇〇市の情報公開窓口に行って訊いてください。場所は，……です。

　A1の回答は，求める情報が掲載されている資料を提示するものである。このような回答により，その資料の目次や索引を見ることにより，利用者は求める情報にたどりつくことができる。あるいは，資料全体をパラパラとみて目的の情報を探し出すことも可能である。回答した図書館員が，情報の掲載ページについて，指示することもありえよう。こうした場合には，これはA2の回答方法に近づくことになる。

　A2の回答は，求める情報そのものを提示するもので，利用者にとっては，最も親切な回答方式である。利用者は，資料を見て探すことなく，求める情報を手にすることができる。これは，提供する側から見ると，「ファクト（事実）」の提供といえる。

　A3の回答は，レファレンスサービスを行っている図書館で，資料的制約や図書館員の能力的限界のために回答することができなかった場合に，採用される。これは，2章で述べた「レフェラルサービス」そのものである。これは，回答できなかった場合という消極的なケースのみでなく，むしろその方が利用者の情報要求からみて充実した内容の回答が期待できる場合に，積極的選択肢として採用される場合もある。

　利用者の立場に立てば，レファレンスサービスについては，A2のように，ファクトを提供してくれる方が便利である。しかし，情報サービスを提供する図書館の立場に立つと，A1の場合に比べて，A2の方法は，図書館員の手数と時間を必要とする。より多くの人にサービスを提供するという目標からは，A1のように，資料提示のレベルでとどめることが，図書館経営上の観点からは多くの質問を処理するためには必要である。図書館員は，一度に，一人の利

用者にしか応対できないし，専門性を持った図書館員という貴重な人的資源を，情報サービス業務に対して最適に配分することが必要だからである。レファレンスサービスを実施する場合には，利用者満足に留意しつつ，この点を判断することが大事になる。

（2）レファレンス資料の組織化

バックランド（Michael K. Buckland）によると，図書館サービスの2大原則は以下のとおりである[2]。
　①図書館サービスの役割＝文献へのアクセスを容易にすること
　②図書館の使命＝帰属する組織の使命やサービス対象者の活動の支援

①は，「情報・資料の蓄積・保存」と並んで，図書館の最も重要な機能のひとつであり，電子化が進む環境下で，保存機能が，いくつかの図書館等に集約されるのに対し，個々の図書館でより重要性が増す事項である。

②は特に大学図書館，学校図書館，専門図書館に当てはまることがらであるが，公共図書館においても課題解決型の図書館を目指すとの方向性が打ち出されているので[3]，この点が重要になってきている。

①について，重要なのは，「情報の組織化」ということである。詳しくは，本シリーズの第9巻『情報資源組織論』を参照願いたいが，ここでも概略を述べることとする。

利用者が図書館において情報に効果的にアクセスする（＝探して入手する）ためには，探す対象の情報資源（＝蔵書など）があらかじめ，何らかの基準によって整理されていなければならない。また，図書館などで情報資源を取り扱う場合も，このことが重要になる。この点について宅配便を例にして説明しよう（4-1図参照）。

私たちは，宅配便で荷物を送るとき，何をするであろうか。もちろん，送る

2：Buckland, Michael K. 図書館サービスの再構築. 高山正也，桂啓壮訳. 勁草書房，1994, p.5.
3：これからの図書館のあり方検討協力者会議. "これからの図書館像―地域を支える情報拠点をめざして―". 文部科学省. 2006-03. http://warp.da.ndl.go.jp/info:ndljp/pid/286184/www.mext.go.jp/b_menu/houdou/18/04/06032701/009.pdf, p.12-13, （参照2011-09-09）.

物を袋や箱に入れて梱包する。それをコンビニなどに持って行き，発送を依頼する。このとき，必ず宅配便用の伝票に必要事項を記入する。そこには，「受取人の住所」「受取人の氏名」「受取人の電話番号」「差出人住所」「差出人氏名」「差出人電話番号」さらに，「内容物の説明」（書類，ガラス製品，ノートパソコン，衣服……など）を記入する。さらに，配達希望時間を記入することもある。

このように伝票に記入された情報の役割は何であろうか。第一には，どこの誰に届ける荷物かがわかる。これを運んだり，倉庫で行先別に整理したりするときに指標になる。第二に，荷物は梱包してあるので，そのままでは，中に何が入っているか分からない。中に入っているものが書類なら，普通に扱えばよいし，ガラス製品のようなものだったら慎重に扱わなければならない。もし，配送所の職員やトラックの運転をする人が，中に入っているものを知ろうとしたら，包装を解いて箱を開けなければならない。そんなことをしたら，手数がかかるし，元通りに戻すのが大変である。これも，伝票（荷札）を付け，そこに内容物について書いておくことで解決できる。

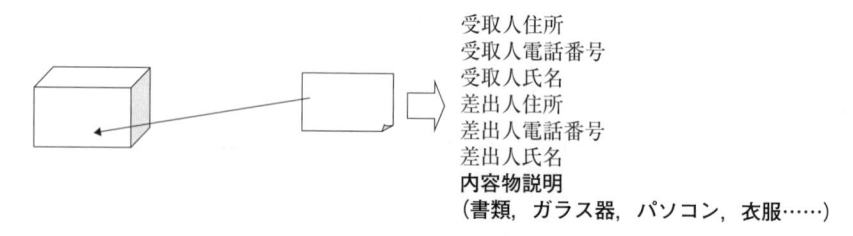

受取人住所
受取人電話番号
受取人氏名
差出人住所
差出人電話番号
差出人氏名
内容物説明
（書類，ガラス器，パソコン，衣服……）

4-1図　宅配便と伝票

本の場合も同じようなことがいえる。荷物は，開けてみなければ中身が分からないように，本も読んでみなければ内容が分からない。それでは，利用者が本を検索するとき，本を並べるときにも，図書館が本を整理するときにも不便である。

伝票の「内容物」の欄の記述によって中身が，開けなくても分かることにより，作業が大きく効率化できる。書籍などの情報資源に対して，あたかも荷物

に伝票をつけて，そこに内容物の説明を付けるようなことを行えば，大変便利であろう。荷物につける伝票に書かれる内容にあたるものを「二次情報」という。この場合，荷物そのものにあたる元の情報（資源）のことを「一次情報」という。

もう一度整理すると，情報利用者が，論文や新聞記事のように，最終的に自分の目的のために利用する資料を「一次資料」(primary source) という。つまり，オリジナルの，加工されない資料のことである。資料のレベルでなく，そこに掲載されている情報について注目するときには「一次情報」(primary information) の語を使う。一次資料とは，一次情報を掲載した資料であるということもできる。

これに対して，「二次資料」(secondary source) とは一次資料に掲載された一次情報への案内を示す資料のことをいう。情報レベルでいえば，「二次情報」(secondary information) となる。二次資料，もしくは二次情報には，以下のような機能と利点がある。

今，あるテーマに関する情報を収集しようとしている利用者がいるとする。もし，世の中に一次資料しかないとすれば，入手した，もしくは図書館に並んでいるすべての資料を一つひとつチェックしていって，テーマに合致するものかどうかを調べて行かなければならない。

このことは，情報を後で使いやすいように，整理加工することの重要性を物語っている。情報の「整理・加工」は，情報の「収集」と情報の「蓄積・保管」とを繋ぐプロセスであり以下のような意味を持っている。

一次資料もしくは一次情報を収集してゆくと，はじめのうちはどこに何があるか理解できるが，それがある量以上になると，そのままでは，どこにどんなものがあるかが分かりににくくなる。もし，どんな資料や情報があるか調べようとすれば，収集したものを，はじめから一つひとつ取り上げ，そこに何が書いてあるかを把握し，それが情報の利用目的に合致するかどうかをいちいち確認してゆくプロセスが必要になる。このように，情報や資料を大量に蓄積した場合，一次資料のままでは効率的な管理が困難である。

そこで，収集した資料を何らかの方法で整理して，後で利用しやすいようにしておくことが必要になる。ここでいう「整理」とは，後で，さまざまなテー

マから情報を探索しようとするとき，これを効率的・効果的に行えるようにするために，収集した資料群に何らかの秩序を与えるような操作を行うことである。そのために，資料や情報の整理のことを，資料や情報の「組織化」（organization）ということもある。

レファレンスサービスを効率的に行うためにも，レファレンスサービスに使える情報資源に対して効果的にアクセスができることが必要である。そのためには，レファレンス資料が何らかの基準で組織化されていると都合がいい。通常，レファレンス資料は，8章で示すような形で分類されていることが多い。

2. レファレンスサービスの組織と担当する人材

(1) レファレンスサービスの運営と組織

レファレンスサービスは，図書館の一業務として行われ，それは，図書館員や情報資源という経営資源を使って，利用者への最適な情報提供とその満足の実現という目的を果たさなければならない。そのためには，レファレンスサービス全体をどのように運用してゆくかという経営的視点が欠かせない。そのためには，レファレンスサービスについての計画（planning），レファレンスサービスについての組織形成（organizing），レファレンスサービスについての人員配置（staffing），レファレンスサービスについての評価（controlling）の4点を明確に遂行することが求められる[4]。

計画については，図書館も一つの組織であるから，それを今後どのように運営してゆくかを明確にするために経営計画を策定する。その中には，サービス計画の一環として，また，部門計画の一つとして，レファレンスサービス担当部門の計画が含まれることになる。

次に，組織形成と人員配置について述べる。レファレンスサービスが，図書館の中において，閲覧，貸出，図書の収集，図書の整理などの業務に比べて重

4：Bone, Larry E. "The role of management in reference and information service". Reference services and library education. Lexington Books, 1982, p.37-50.

要性が低く，また，レファレンスサービスを希望する利用者も少ないのであれば，さまざまな部署の図書館員が時に応じて対応することでも足りるかもしれない。しかし，レファレンスサービスに対して図書館のサービス業務としての重要性を認め，レファレンスサービスに対する利用者の関心や要望も高まってくると，レファレンスサービスを専門に扱う部署が図書館内に必要になってくる。もちろん，職員が数人の図書館では，こうした専門部署を設けることは困難で，一人ひとりの図書館員が一人何役もこなして対応することになる。会社などで，ある程度の規模になると，金銭的なことを専門に扱う経理課が独立するのに似ている。

　まずは，レファレンスサービスを専門に担当する組織を立ち上げることになる。レファレンスサービスという機能に注目して，組織を作るのである。これを機能別部門化という[5]。図書館の規模がさらに大きくなり，レファレンス質問の数も増え，内容も複雑なものになってくると，レファレンス質問と回答の知識分野によって，部門を分けることが行われる。たとえば，「人文科学・社会科学」と「自然科学」のように，である。これを「専門主題別部門化」もしくは「主題別部門化」という。しかしながら，今日にように複雑な社会になると，分野がはっきりしない質問があったり，さまざまな分野にまたがる質問が多くなったりしてくるので，何でも扱う部門を立ち上げてそうした質問に対応することもある。この時の組織の例としては，「一般レファレンス部門」「一般参考部門」などがある。レファレンスサービスを担当する職員の職務や専門性については，項を改めて述べる。

　評価は，反省と言い換えてもよいが，そこにおいては，その業務が本当に目的を達成したか，不十分な点はないか，改善点は何か，などを明らかにする。このことによって，よりよいレファレンスサービスに改善してゆくことができる。レファレンスサービスの評価についても，節を改めて詳しく述べる。

（2）レファレンスサービス担当者の職務と研修

　レファレンスサービスは，図書館の業務の中で，特に専門性が要求される仕

5：長澤雅男．レファレンスサービス：図書館における情報サービス．丸善，1995, p.202.

事である．それは，利用者のさまざまな情報要求に対して，短い時間で適切に回答することが求められるからである．時間をかけて答える場合ももちろんあるが，その場合でも，質問を受けたときにある程度の方向性が担当者の脳裏に浮かんでいることが多い．質問者の情報収集についての知識・技能に比べて，担当者は，半歩から一歩リードしていることが望ましいのである．

　世の中には膨大な情報があふれているし，流通している文献の量もおびただしいものがある．また，情報を提供するメディアも書籍，雑誌，新聞などの印刷メディアからインターネットなどの電子メディアに広がっている．かつては，出版社や新聞社が独占していた情報資料の社会への流通も，インターネットの普及により一般の人たちがその能力を獲得して実行している．しかも，現代では，流通する情報の質も玉石混交であって，これを正当に評価することは，なかなかに難しい．さらに，それぞれのウェブサイトには，収録している情報について色々な制限条件や特徴があって，それを知らないと「木によりて魚を求む」たぐいの見当はずれな情報収集になってしまう．

　したがって，情報専門家として利用者に対してレファレンスサービス等の情報サービスを提供する担当者としては，こうした世の中の情報についての動向を常に捉え，その中で最適な情報収集ができるように，自らの情報資源についての知識や情報検索などの技能を磨いていかなければならないのである．こうしたスタッフの能力向上を目指す組織としての教育を，「研修」と呼んでいる．世の中が進歩しているのであるからと，立ち止まっていることは，そこからどんどん遅れてゆくことになる．まして，情報などという目に見えないある意味で抽象的なものを相手にしているのであるから，研修の必要はいっそう高まるのである．

　それでは，実際には，どのような内容の研修が行われているのであろうか．ここでは，情報サービスを中心とした図書館業務についての，研修プログラムの例を示すことにする．

　そこで，英国のCILIP（Chartered Institute of Library and Information Professionals，図書館・情報専門家協会）の研修プログラムを見てみよう．

4-2表　CILIP の研修プログラムの概要

分　　野	科　　　　目
目録と分類	AACR2入門 目録と分類 DDC 入門 米国議会図書館件名標目表解説 MARC21入門　メタデータの要点 MARC21応用　逐次刊行物編 MARC21応用　Web リソース編（半日）
児童と YA（ヤングアダルト）	少年少女と読書 中学図書室の運営 特殊目的の教育の支援 家庭学習の支援 十代の公共図書館利用推進
著作権とライセンシング	著作権の上級講義 大学図書館における著作権・ライセンシング 企業等における著作権・ライセンシング 著作権の遵守法 著作権入門 デジタル情報の著作権 電子情報の著作権交渉のやり方
図書館と情報の管理	信頼される抄録作成 医学図書館員のための評価手法・基礎編 同・応用編 ACCESS を使った館内データベースの作成法 図書館情報サービスの基本技能 図書館情報サービスの応用技能 質問分析・応答の基礎 質問への遠隔応答 Web2.0環境での相互貸借と原報供給 図書館情報システムの導入と維持 歩き回って客を見つける 情報サービスの企画と設計
経営管理と人材開発	第一線スタッフのコミュニケーション能力 管理者のコミュニケーション能力 バランスト・スコアカードによる評価の実践 予算獲得法 経営管理入門 経営管理スキル上級編 紙文書の管理整理法 離れたところにいる職員を管理する方法 図書館経営のツボ 交渉術 サービス・業務のポジショニング 消極的な職員を積極的なスタッフに変える法 図書館情報サービスにおけるプロジェクト管理

	図書館における調達
	図書館や情報サービスのプロとは
	反省術
	将来戦略のためのシナリオライティング
	図書館の将来を構想する方法
	監督の方法
	コミュニケーションの改善
マーケティング技法	あなたのサービスを強く印象づける
	コンサルタントになるには
	学術情報サービスにおけるCRM（Customer Relationship Management）
	電子版ニュースレターの作り方
	インターネット調査入門
	図書館の影響調査
	図書館の意義を社内に売り込む
	健康情報を提供する図書館の「商圏」拡大
	学術図書館のマーケティング計画
	マーケティング早わかり
	口コミマーケティングで図書館サービスを売り込め
研究調査手法	机上調査法
	机上調査上級編
	最先端のインターネット調査
	無料の健康情報（公共図書館向け）
	企業情報の収集と理解
	法律情報の収集と理解
	調査の改善と付加価値付き回答
教育と学習	Web2.0時代の学習と情報リテラシー
	高等教育機関における外国籍の学生への支援
	大学院生への支援
	多人数の学生への教授法
	法律情報調査の教育法
	中学校司書のための教授法
	教育手法の革新
ウェブとインターネット技術	インターネット環境におけるメディア活用法
	ポータルの設計と活用
	Googleを使い尽くす
	Googleの限界と突破法
	Webサイトの改善
	ブログ，wiki，RSSの利用法
	ソーシャルネットワーキングサイトの利用と利用者作成のウェブサイト
	インターネットによる法律情報探索

CILIPの"Training Directory 2009"から，研修の項目を4-2表として示す[6]。

　ここでは，図書館員の伝統的な技能である「目録と分類」「児童とYA（ヤングアダルト）」「図書館と情報の管理」などが研修の対象となっている一方，「著作権とライセンシング」「経営管理と人材開発」「マーケティング技法」「研究調査手法」などの今後の図書館情報専門家にとっての重要な能力項目が，いずれもかなり体系的に取り上げられていることが注目される。伝統的な分野においても，「MARC21応用　Webリソース編」「Web2.0環境での相互貸借と原報供給」「情報サービスの企画と設計」など今日的な話題に触れられている。一方，経営管理やマーケティングの分野では，企業人に対するのと同じくらい充実した内容のプログラムが準備されており，「図書館は組織的なサービス業だ」というように物事をとらえているのだと推測される。

　The Reference & User Services Association Task Force on Professional Competencesは，図書館員，図書館，情報センターのために，レファレンスやユーザーサービスに携わる図書館員に不可欠のコンピテンシー（優れた成果を挙げる職員の行動パターン）の記述を内容とするガイドラインを作成した[7]。このガイドラインの基本的な方向として，「ユーザーの情報ニーズと情報行動について理解すること」「こうした情報ニーズに効果的に対応するためのスキルの開発」の2点を指摘している。

　4-3表に，コンピテンシー項目の一覧を示す。これに著者が，（U）ユーザー，（M）情報資源，（L）図書館員，（S）情報サービス，の各項目へ言及しているかどうかを，4-3表の右端の4列に＊で示した。これを見ると，UMLSの4点について，このコンピテンシー項目がバランスよく言及していることが理解される。

　専門図書館は，各種の図書館の中でも，「利用者（サービスを受ける人）の種類・グループが限定的」「比較的小規模」「情報機能の重視」「設置が法律そ

6：各研修プログラムの表題については，著者が，内容を把握できるよう考えて英語の原題を日本語に移した。したがって，逐語的な観点から見ると，厳密な邦語訳とは言えない部分もある。その後，発表された2010年版でも重要な項目は踏襲されている。

7：Professional competencies for reference and user services librarians. Reference & User Services Quarterly. 2003, vol.42, Iss.4, p.290.

4-3表 レファレンスサービスやユーザーサービスに携わる図書館員に求められるコンピテンシー項目

分類	コンピテンシー項目	目標	U	M	L	S
情報アクセス	敏感さ	ユーザーニーズに敏感であること	＊			
	サービスの企画と設計	主たるユーザーのニーズに対応するサービスの効果的な企画と設計	＊			＊
	鑑識眼のある思考・分析	（既存の）情報資源とサービスについての注意深い分析に基づく高品質のサービスの提供		＊	＊	
知識ベース	（情報サービスをめぐる）環境の精査	情報資源をモニターして、レファレンス・ユーザーサービスに関わる知識を更新する		＊		＊
	知識の応用	レファレンス・ユーザーサービスの実践を拡張するために新たな知識を効果的に活用する				＊
	知識の伝達	ノウハウを同僚と共有し後輩に教える			＊	
	向上心	同僚との共同作業に従事することや個人的な勉強によって自分のスキルを上げることを通じて仕事を改善してゆく			＊	
	調査	どんなタイプのレファレンスサービスをどんなタイプのユーザーに対して行えば良いのかを調査によって明らかにする				＊
	コミュニケーションとアウトリーチ	レファレンス・ユーザーサービスの本質をユーザーに伝える	＊			
	評価（作業）	レファレンス・ユーザーサービスのマーケティングの効果を首尾一貫してシステマチックに評価する				＊
コラボレーション	ユーザーとの関係	ユーザーを情報探索過程における協力者やパートナーとして捉える	＊			
	同僚との関係	高品質のサービスを提供するために同僚と緊密に協力する			＊	
	専門家同士の関係	ユーザーへのサービスを拡張するために専門家同士が協力する			＊	
	図書館の世界を超えた協力	ユーザーへのサービスを拡張するために図書館の世界を超えて協力する	＊			
情報資源や	ユーザーニーズ	ユーザーの情報ニーズを様々なツールや技術を使って調査する	＊			
	情報サービス	ユーザーに提供する情報サービスの効果を調査				＊
	情報資源	サービスの目標やユーザーニーズへの適合性から情報資源を評価する	＊			

サービスの評価	サービスの伝達	ユーザーの利用環境や技術水準を見た上で既存のサービスを評価する			＊
	情報のインターフェース	情報資源の形式，そこへのアクセス，表現の仕方などを評価する	＊		＊
	情報サービスの提供者	サービススタッフの達成度を測定する		＊	

(Professional competencies for reference and user services librarians. *Reference & User Services Quarterly Summer 2003.* Vol.42, Iss.4, p.290に右の4列を付加)

の他の制度によって保証されていない」「新技術などの取り入れに熱心にならざるを得ない」などの特徴を持ち[8]，その結果，常に経営を工夫してゆかなければならない。そうした専門図書館をめぐる議論には，情報サービスを担う人材のありかたについての示唆的な指摘が多い。たとえば，チャーチ（Doug Church）によると，専門図書館スタッフの今後5年程度の将来での（新たな）役割として，専門図書館スタッフ自身は以下のようなものを挙げている[9]。ここに示されたものは，環境変化に対応する専門図書館側の変革意図であると見ることができよう。

　第一に挙げられている役割は，「情報コンサルタント」である。コンサルタントとは，専門的な技術や知識によって相談に応じる人のことである。今後は，簡単な情報収集であれば，ユーザー自身で行うケースが増えるものと予想され，その分，ユーザーのためにレファレンスや調査を行うことが減少する。逆に，複雑なテーマでの情報収集等についてのコンサルティングの機能が増えると見られる。これは，来館サービスでなく，通信回線を通したコンサルティング（検索戦略などの）という形を取ることも多いことであろう。情報資源やそれを活用する情報技術についての高度な知識と，顧客ニーズに機動的に対応できる能力が必要である。また，ユーザーに対して専門家として情報収集について図書館員が行うことの有利さについて，説得性に富む提案ができなければならない。

8：山崎久道．専門図書館経営論：情報と企業の視点から．日外アソシエーツ，1999，p.31-32．
9：Church, Doug. "Breaking Free of the Reference Shackles" Information Outlook, Vol.3, No. 3, 1999, p.18-20.

第二は,「情報アナリスト」である。これは,ユーザーに対して情報を未加工の形で提供するのではなく,その情報に付加価値をつけたり,分析したり,解釈したりする,より踏み込んだ情報提供である。分析力,表現力等が問われることになる[10]。

　第三は,「情報教育・訓練専門家」である。ユーザーが自分で情報収集や検索を行うようになると,当然,そのやり方について指導するニーズが発生する。豊富な経験・知識とそれを分かりやすく伝える能力が必要である。

　第四は,「イントラネット・コンテンツ企画管理者」である。この仕事のポイントは,外部情報と企業内イントラネットを結びつけることである[11]。企画力,表現力も求められる。

　第五は,「情報製品の開発者及びそのマーケティング実行者」である。外部情報とイントラネットの融合は,新たな情報商品に編集・提供の余地を生み出す。たとえば,特定ユーザー向け統計データの編集や特定ユーザー向けの新聞記事の編集サービスなどである。ここでは,洞察力とセンスが試される。

　第六は,「企業内知識管理者」である。知識の重要性への認識が高まることは,情報専門家の重要性をも高める。ある企業内情報センタースタッフは,図書館,データベース管理,競争戦略のための情報管理,市場調査,内部知識の共有,などの企業内機能が統合されるであろうと見ている。これには,抽象化する能力,論理的思考力が必要である。

　いずれにしても,これまでとは大きく異なり,今後の専門図書館員にとっては,コミュニケーション,教育・訓練,経営管理,コンピュータやネットワークの基礎的知識や能力備えていることが必須条件になる。専門図書館が,情報サービスを中核に据えていることを鑑みれば,このことは,早晩,すべての館種の図書館で情報サービスを行う図書館員に当てはまるものとなろう。

(3) レファレンスサービスの事例の活用の意義

　前項ではレファレンスサービスの成果が,担当する図書館員の専門的知識や

10：「文献解題」「抄録作成」などは,実はこうした機能の実現結果と見ることもできよう。
11：企業内情報センターの最も重要な機能が,「外部環境についての情報の収集」であるという点と符合している(前掲注 8,p.46および p.59)。

能力に依存することを説明し，そのために担当者の絶えざる自己研鑽と研修が必要なことを述べた。それとともに，レファレンスサービスの実施事例を蓄積して，図書館員の間で共有化することも大きな意味がある。これは，一つの図書館で行うこともあるし，国立国会図書館が主導するレファレンス協同データベースのように国レベルで行われるものもある。それでは，こうした事例の蓄積活用は，どのような意味合いを持っているのであろうか。

　論理的な推理の方法には，「演繹法」と「帰納法」とがある[12]。この手法は，論理のみでなく，学問の方法としても，あるいは，実務の進め方としても意味がある。「演繹法」は，正しいとされている一般的命題から出発して特殊な命題に進むものである。抽象的なものから，具体的なものに到達する。学問や実務処理でいえば，基礎理論を構築して，それにしたがって日々の応用問題に対処することを意味する。レファレンスサービスについていえば，2章で説明したような諸点や3章で述べた情報要求の構造やレファレンスプロセスについての理解に基づき，利用者から実際に提示された個々の質問や情報要求を処理しようとすることにあたる。

　この方法は有力で，ある程度は正しいレファレンスサービスの実施に結びついてゆく。つまり，基本線を外さないために，大きな間違いを犯すことは少ない。しかし，こうした方法のみでは，対応が硬直的になる恐れがあり，細かなニュアンスの差に対応したり，柔軟に対応を変えたりすることが難しくなることもある。

　一方「帰納法」は，「演繹法」とは逆に，「特殊から一般へ」あるいは「具体から抽象へ」へと思考や処理を進めるものである。この方法は，対象が複雑で，分析することに困難を感じるような場合に効果を発揮すると考えられていて，社会科学や実験的自然科学で多用されている。この点から考えると，レファレンスサービスのようなさまざまな要素が絡み合う複雑な事象や活動については，効果があると考えられる。実際には，個々のレファレンス事例を集めて蓄積しておき，そこから知識や方向性を看取して，目前のレファレンスサービスの参考にするのである（8章3節6項「レファレンス事例集」を参照）。

12：矢野健太郎編. 数学小辞典. 共立出版, 1998, p.37, p.100.

事例を集めることには，もう一つ「帰納法」に特有の特徴がある。それは，そこから創造や発見を行えるということである。よく知られている「KJ法」[13] は，この点を活かした汎用的分析手法である。

3. レファレンスサービスの評価

(1) 経営管理の問題

レファレンスサービスなどの情報サービスを図書館が行うためには，それによって得られる効果と必要な経営資源について考慮して，最善のサービス方法を選択するなど，「経営」の手順に従う必要がある。一般的にいうと，経営というのは，組織が支配・保有するこうした経営資源の状況を最適化することを目的とする活動だといえる。そうしてみると，経営というのは，なにも企業に固有のことではなく，官庁・自治体・諸団体などの非営利組織においても必要な機能であることが理解されよう。非営利組織の一つである図書館についても，経営の考え方が求められる。

こうした，経営を担当する経営管理者[14]の基本作業と要求される能力は，経営学者のドラッカー（Peter Drucker）によれば，以下の5点である[15]。

① 目標を設定する
② 組織する
③ 動機づけと意思疎通を図る
④ 測定する
⑤ 人材を開発する（自分を含めて）

①の「目標を設定する」というのは，スタッフ（部下）に対して，仕事の目標を明示し，さらに私たちは，何のために働くのかを明らかにすることである。

13：川喜多二郎が創始した発想や問題解決のための手法。
14：ここでいう「経営管理者」には，部門管理者も含まれる。つまり，図書館で言えば，館長だけでなく部門の長，係のリーダーなども含まれる。もちろん，レファレンスサービスの責任者もこの中に入る。
15：Drucker, P. マネジメント（下）．野田一夫，村上恒夫監訳．ダイヤモンド社，1974，p.37-38.

たとえば企業で,「お客様のために良い製品を提供する」というのはわかりやすい目標であるが,図書館の場合は,わかりやすい目標を提示することはなかなか難しい。しかし,だからといってリーダーが,目標を提示しなければ,みながバラバラに働くか,単に決まりきったことがらを踏襲するだけの生気のない組織になってしまう。そんな組織が,よいサービスを利用者に提供できるわけはないのである。

さらに,スタッフに対して,明るく接することも大事である。リーダーの意識ややる気がスタッフを刺激して,結果としてよい仕事につながることは,一般的に見受けられることである。

②の「組織する」とは,人の手当てのことであり,図書館の場合は新たに人材を外から手当することが困難であるから,仕事をスタッフに割り当てることだと考えればよい。図書館の管理者は,自らが「本」を相手にするのではなくて,「人」を相手に仕事すべきことがよくわかるであろう。

③の「動機づけと意思疎通を図る」という項目も重要である。人間は,強制されて働くときよりも,本人が十分な問題意識や意欲を抱いて,その下に動くときのほうが良い仕事ができるものである。そうしたスタッフの意欲や問題意識を作り出すためには,リーダーが,スタッフに対して直接話をして,さまざまな情報を伝え,そのスタッフの貢献を期待していることを伝えることが大事である。

④の「測定する」は,スタッフの仕事の成果を客観的に測ることであり,それに基づいて評価することも含まれる。公平な評価は,働く者にとって働く上での励みになる一方,情実やいわゆる「えこひいき」による不公平な評価は,スタッフのやる気を大きく削ぎ,③の動機づけにも悪影響を与える。しかしながら,客観的評価,特に数値データに基づく評価は図書館においては,きわめて難しい。この点で,さまざまな知恵を出し合いながら評価を試みることが重要である。

⑤の「人材を開発する」は,これまでの四つの項目が目前の仕事を処理する場合の項目であるのに対し,それよりは長い期間で考慮すべき事項である。組織において最も重要な経営資源が人であるとするならば,一人ひとりのスタッフの能力を向上させることは,とりもなおさず,組織全体の力を向上させ,よ

り良い結果をもたらすことにつながる。

　その意味で，経営管理者にとって，この項目は非常に大切なものである。注目すべきことは，開発すべき人材の中に，自分自身も含まれていることで，経営管理者自らの向上心が，スタッフの向上意欲を刺激することに思いを致すことが求められる。

　なお，情報サービスの管理について論じているクレア（Guy St. Clair）も，管理者の仕事の流れを以下のようなものであると指摘している[16]。
　①概念化し，計画する　Conceptualizing and Planning
　②組織する　Organizing
　③指導し，動機づける　Directing and Motivating
　④評価し，測定する　Evaluating and Measuring
　これは，上記のドラッカーのあげたポイントと同じであり，この流れ以外に管理者は，常に人材育成を頭に置いておかなくてはならないということである。

（2）サービス評価の問題点

　それと同時に，レファレンスサービスの効果について，常にそれを測定し，評価してゆくことが必要である。レファレンスサービスの結果データを見て，満足度はどうか，どういう点が達成できなかったか，担当者の能力の問題はあるか，などの問題点を浮かび上がらせることができ，今後のレファレンスサービスの改善につなげることができる。また，図書館スタッフの育成や研修の方向を明らかにすることもできる。

　しかしながら，サービスの評価には，いろいろ困難な問題もある。

　まず，サービスは，物，とくに工業製品と違って品質把握にあたっていくつかの問題点がある[17]。それを，順に説明しよう。

a. 無形性（intangibility）

　サービスは物と異なり，購入する前には目に見えない，味わえない，感じられない，聞こえない，臭いを嗅げない。たとえば，美容院で髪を切ってもらう

16：Clair,Guy St. Entrepreneurial Librarianship. Bowker-Saur, 1996, p.86.
17：コトラー「コトラーのマーケティングマネジメント」p.530，および Kotler " Principles of Marketing" 8th. ed. p.259.

とき，もし初めての店であれば，どのようにされるのか不明確な点が多い。これが，ヘアドライヤーを買うのであれば，手にとって重さや形を見たり，操作したりして性能を測ることができる。サービスについては，これがほとんどできない。

b．不可分性（inseparability）

　物ならば，工場などで作られてから，消費者の手に届くまで，かなりの日数を要する。それに，物が作られるところを消費者が見ることはほとんどない。ところが，サービスは生産と消費が同時に行われ，これを分けることができない。提供者からサービスを切り離すことができないのである。提供する側と提供される側の両方がサービスに影響を与える。「賢いお客さん」であれば，サービスを提供する側に持てる力以上のよい仕事をしてもらえることもある。

c．変動性（variability）

　サービスの品質は提供者によって変化する。さらに，日時，場所，方法によっても変化する。美容院でいうと，通常，一つの美容院には複数の美容師が勤務している。ある一つの美容院であれば，美容師によってまったく差がないかというと，そんなことはない。むしろ逆で，美容師個人によってずいぶん仕事が違ってくる。したがって「カリスマ美容師」が出てきたり，「指名制」が採用されたりする。指名制は，サービスの変動性を補完するための制度と考えられる。また，同じ美容師であっても，人間であるからには日によって調子が出る，出ないがありうる。それでなくても機械ではないので，いつもまったく同じようにサービスを行えるということは，そのように努力しているとしても，できるわけではない。工業製品であれば，同一の品番の製品は，基本的にすべて同じであるという前提で購入される。

d．消滅性（perishability）

　サービスは蓄えておくことができない。物のように販売や利用のための在庫をもつことはできない。このことは，サービスの提供に難しい問題を提起する。たとえば，美容院でも混む時間帯と暇な時間帯が，程度の差こそあれ必ず存在する。そうすると，混むときには美容師の数を増やし，そうでないときには減らす必要がある。しかし，このことは，そう簡単に行えるわけではない。サービスの品質を保ちながらこのことを行うことは至難の業である。

図書館のレファレンスサービスについていうと,「無形性（intangibility）」によって,これまでこのサービスを体験したことのない人にとって,とっつきにくい印象が強いであろう。いったい,何をやってくれるサービスなのか,事前に理解することが難しいからである。つぎに,「不可分性（inseparability）」によって,利用者との距離（時間的距離も含めて）が極端に短いので,うまく行かないときにそれを立て直すことが極めて困難である。「変動性（variability）」によって,ベテランの担当者が対応したときと,新人がサービスしたときに極端な差が出て,利用者のレファレンスサービス自体への不信を買う可能性がある。「消滅性（perishability）」によって,ベテランの技を貯めておくことができないから,その人の対応できる範囲の利用者にしか上質の対応ができない。

こうした中で,レファレンスサービスの評価を一律に行うことは極めて難しい。結局サービスそれ自体の価値を事前に評価することが難しいため,その結果を消費者（利用者）がどのように受け取ったか,つまり満足したかどうかが一つの有力な評価指標になる。しかし,こうした指標だけだと,サービスを提供する立場からは事前に問題を把握することが困難になり,それは図書館経営上に極めて大きな不安定性を残すことになる。

（3）レファレンスサービスの効果の測定

JIS規格（X0812）である「図書館パフォーマンス指標」[18]においては,レファレンスサービスの評価指標として,質問に対する正答率が指定されている。これは扱った質問の総数で,正しく答えられた質問の数を割った数に100をかけた数値で％として表示される。ただし,この指標はレファレンスサービスの過程や結果の一側面にのみ注目したもので,質問結果の良否は「質問の選択」「職員のインタビュー技術」「回答に使用したレファレンス資料やデータベースの質」「それらに対するアクセス容易性」などに影響されることに注意すべきである（3章3節1項を参照）。

一方,サービスの「結果」でなく,サービスの「過程」を評価する試みがあ

18：JISX0812：2007. 図書館パフォーマンス指標. p.36.

4-4表 SERVQUALモデル

局　面	説　明	図書館での情報サービスにおける項目例
①有形性 (tangibles)	物理的な施設，設備，担当者の概観，見かけや様子	・最新の設備・機器 ・魅力的な建物・設備
②信頼性 (reliability)	約束したサービスを信頼できるやり方で確実に実行する能力	・問題を確実に処理 ・約束したとおりにサービス ・間違いがないサービス
③応答性 (responsiveness)	顧客を手助けし，迅速なサービスを提供する意思	・進んで利用者を援助 ・常に対応できる姿勢 ・迅速なサービス
④保証性 (assurance)	従業員の知識と礼儀正しさ，信用と信頼を得る能力	・常に丁重で親切 ・質問に対応できる知識 ・プライバシー保護の面で安心
⑤共感性 (empathy)	顧客に対する思いやりと個別の配慮	・親身の対応 ・利用者の成果を第一に考える ・利用者毎の個別の対応 ・利用者のニーズの理解

る。それが，以下に説明するSERVQUALモデルである。

　SERVQUALモデルは，4-4表のように，サービス品質を5局面に分けて分析する[19]。

　「①有形性（tangibles）」とは，サービスが行われる施設やサービスに使われる機器が，新しく魅力的なものであるかを表現している。たとえば，病院（医療サービス）においても，最新鋭の医療機器を備えていれば，そのことは提供する医療の質を高めると期待されている。図書館の場合でも，最新鋭の情報機器やデータベース，電子ジャーナルを装備していれば，質の高いレファレンスサービスが行えると期待される。また，建物や雰囲気が利用者に好印象を与えるものであれば，それはサービス品質に対してプラスの要素となろう。さらに重要なのは，担当者の見かけや態度であり，この点で図書館は決して良好な印象を持たれてこなかったといえるだけに，改善が必要である（医療サービ

19：佐藤義則，永田治樹．図書館サービスの品質測定について：SERVQUALの問題を中心に．日本図書館情報学会誌，2003, vol.49, no.1, p.1-14.

スにおいては，この点が永年解決されてこなかったが，近年大きく変化している）。

「②信頼性（reliability）」は，サービスの実施についての，利用者からの信頼の度合いを示す。しかしながら，この点は，サービスを積み重ねることによって初めて明らかになることも多い。評判のいい宿泊施設などは，この点が評価ポイントになっていることも多い。図書館においては，レファレンスサービスを一回だけ利用するのでなく，さまざまな機会に利用してくれる「リピーター」になってくれるときは，おそらくこの第2点が，きちんと行われているのであろう。

「③応答性（responsiveness）」とは，要するに，利用者に対する「親切心」である。この点は，レファレンスサービスが人的援助であることからして，説明の要はないであろう。

「④保証性（assurance）」は，レファレンスサービスを実行できる図書館員の能力に対する評価である。これは，礼儀正しさと専門性の高さの両方から構成されている。

「⑤共感性（empathy）」は，利用者の立場に立って，「顧客満足」を第一に考える姿勢や対応で，これもサービスには，不可欠のものである。

このように，サービスを複眼的に見ることによって，より客観的な評価を下そうとするのである。

さらに，図書館自身が4-5表のような形式で，自分自身のサービスを評価することも有効であろう。

4-5表 サービスマーケティングのためのチェックリスト

1. 自機関のサービスに関する現実的な図（チャート）を利用者に示しているか
2. サービスを適切に提供することが，その機関の最優先事項になっているか
3. 利用者ときちんとコミュニケーションがとれているか
4. サービスの提供プロセスに，利用者の意表をつくものがあるか
5. その機関の図書館員職員はサービスに不都合が生じた場合，利用者に良い印象を与えるチャンスだと考えるか
6. 利用者の期待にどれだけ応えているかを常に評価し，改善しているか

（フィリップ・コトラー，恩蔵直人監修，月谷真紀訳『コトラーのマーケティング・マネジメント』ピアソン・エデュケーション，2001，p.544をもとに作成。原資料：Leonard L.Berry and A.Parasuraman, *Marketing Services : Compeling Through Quality*, New York Free Press, 1991, p.72-73）

さらに，評価のためには，サービスにかかったコストの面からも測定を行い，それと利用者の満足度などと対応して分析することも必要である[20]。

4. レファレンスサービスの現状と課題

(1) 現在のレファレンスサービスに関する問題

1章2節4項で述べたように，時代の流れの中で，レファレンスサービスの重要性は高まっている。「これからの図書館のあり方検討協力者会議」が平成18年3月にまとめた『これからの図書館像―地域を支える情報拠点をめざして―』において，「レファレンスサービスの充実と利用促進」が重点項目として挙げられており，地域や住民の課題解決を支援する機能を担うものとしてレファレンスサービスなどの情報サービスの充実が強く求められている[21]。そのために，図書や雑誌などの提供だけでなく，地域資料や行政資料を含めた資料の充実を図ることが求められている。その上で，行政支援，学校教育支援，ビジネス（地場産業）支援，子育て支援などのほか，医療・健康，福祉，法務などの分野における情報サービスを行うことが望ましいとされている。

そのためには，サービスとして分類，目録などの資料の組織化に配慮するとともに発信型のサービスや利用者教育をめざすことが求められている。これらの詳細については，6章，7章を参照されたい。

つぎに，最近，レファレンスサービスに関して，どのようなことが問題になったり，関心を集めたりしているのかを探るために，ここ10年ほどの日本語による論文で，論題中に「レファレンスサービス」とあるもの（150件ほど）を概観してみる。それによると，以下のようなテーマのものが多い。

(1) デジタル環境でのレファレンスサービスの状況や実際的方法について論

20：山﨑久道. インターネット環境下における企業内情報センターの今後の方向：利用者志向の改革に向けて. 紀要社会学科, 2003, no.13, p.143-159.

21：これからの図書館のあり方検討協力者会議. "これからの図書館像―地域を支える情報拠点をめざして―". 文部科学省. 2006-03. http://warp.da.ndl.go.jp/info/ndljp/pid/286184/www.mext.go.jp/b_menu/houdou/18/04/06032701/009.pdf, p.12-13, (参照2011-09-09).

じたもの

　ここでは，情報資源が電子化され，デジタルコンテンツが普及するにしたがって，レファレンスサービスはどのように変容するかを述べているものと，インターネットやeメールを活用した「デジタルレファレンスサービス」「オンラインレファレンスサービス」「バーチャル・レファレンスサービス」などの実際的手法について紹介しているものがある。いずれにしても，情報の電子化とインターネットの普及という未曾有の社会変化に際会して，図書館のサービスがいかにあるべきかを真剣に考察議論しているものと考えられる。

(2) 公共図書館におけるレファレンスサービスのあり方を述べたもの

　すでに述べたように，今後に予想される生涯学習の機運の高まりやそれと密接に関係する「課題解決型」の図書館のサービスの中で，レファレンスサービスは中心的なテーマである。また，ビジネス支援などの公共図書館によるより積極的な情報サービスも盛んに行われるようになってきている。こうした中で，公共図書館の今後の重要な柱として，レファレンスサービスを話題としているものと考えられる。

(3) 専門図書館やアーカイブズ（公文書館や企業などの文書保管部門）におけるレファレンスサービスの進め方を述べたもの

　医療系の図書館におけるレファレンスサービスについて分析したものがある。医療系の図書館は，医学薬学の進歩や文献量の増大，また，患者からの情報要求の拡大などから，レファレンスサービスに力を入れるようになっている。アーカイブズにおけるレファレンスサービスも話題になっている。

(4) 協力レファレンスサービスについて述べたもの

　いくつかの機関が協力してレファレンスサービス事例を蓄積・共有し，また，相互に情報交換などして，効率的にレファレンスサービス業務を進めようとすることが窺われる。レファレンス質問が高度化してくると，一つの機関の中だけでは対応が難しいものが増えてくる。そうした場合に，他の機関の類似事例を参考にすることは強力な手がかりになる。また，機関の規模が小さい場合は，その機関のみでは十分な事例やノウハウの蓄積が難しいので，広域的に情報共有することは効果がある。レファレンス担当者が機関内に少数しかいない場合も，同様の効果がある。これについては，2章3節（p.36-37）も参照されたい。

(5) レファレンスサービスの運営や図書館における位置づけについて論じたもの

　レファレンスサービスは，図書館にとって重要なサービスであるが，インターネットの普及，とくに2章で述べたように，各種機関の問い合わせ窓口の拡充や質問対応サイトの普及などによって，今後の展開に難しい点も出てきている。図書館が質問対応についての独占的地位を保持し続けることが難しくなってきているのである。そこで，レファレンスサービスの優位性を意識しながら，今後の社会にどう対応すればよいかというのは，図書館にとって非常に重要なテーマとなる。

(6) 海外の動向を紹介したもの

　図書館についてより進んでいる諸外国の例を紹介するケースも多い。それでは，海外ではレファレンスサービスに関してどのような点が論じられているのであろうか。

　図書館情報学の文献を収録したLISTAデータベースに所収の2010年以降の論文のうち，最新50件を見る。その結果から得られた傾向は，以下のとおりである。

①ITを利用したレファレンスサービス，バーチャル・レファレンスサービス

　日本国内でも多く見られたが，とくにバーチャル・レファレンスサービスについての論文が非常に多い。これは，インターネットをいかに図書館のサービスに生かしてゆくかという問題意識が，日本におけるよりも強いからではないか。

②大学図書館におけるレファレンスサービスや大学教育におけるレファレンスサービス

　大学図書館は，インターネットとそれに関連するサービスで大きく変わりつつある。たとえば，発信型のサービスの積極的導入や利用者教育の展開である。その詳細については，6章，7章を参照されたい。

③レファレンスサービスの評価，統計作成

　レファレンスサービスの実績や効果を，客観的なデータや統計などの数値的指標に基づいて評価することを目指したものである。レファレンスサービスの

実施にも，経営的観点や科学的手法の導入が図られていることの反映であろう。とくに，利用者満足についての議論が出てきていることは注目に値する。

④レファレンスサービスの今後

レファレンスサービスの今後は，情報の電子化の進展やインターネットの普及によって大きく影響を受けよう。その中で，こうしたテーマが多く取り上げられているのは，レファレンスサービスが今後のサービスとして期待されていることの証拠であろう。

以上から，レファレンスサービスの現状と問題については，ⅰ電子化に伴う展開，ⅱ館種別の応用，ⅲ経営的問題，の３点についてその重要性が認識されているようである。国内においては，とくに公共図書館での展開について関心を持たれ，海外では大学図書館における推進に注目が集まっている。

（２）デジタルレファレンスサービス

本章４節１項で述べたデジタルレファレンスについては，今後のレファレンスサービスの一つの姿を示すものとして，さまざまな動きがある。用語そのものについても，「デジタルレファレンスサービス」と「バーチャルレファレンスサービス」とが同じように使われている。

その定義を二つほど紹介する。

デジタルレファレンスサービス：
　インターネットを介して質問され，インターネットを介して回答が送られるレファレンスサービス。質問は，通常，電子メール，インスタントメッセージ（チャット），Web 上の入力フォームを利用して送られる。質問への回答は，図書館のレファレンスサービス部局に所属する図書館員によって行われるが，時によっては，複数の機関が参加する協力レファレンスシステムの参加者が回答することもある。チャットレファレンスサービス，e レファレンスサービス，オンラインレファレンスサービス，リアルタイムレファレンスサービス，バーチャルレファレンスサービスと同義語（ODLIS[22] definition of Digital Reference）。

バーチャルレファレンスサービス：

22："ODLIS: Online Dictionary for Library and Information". http://www.abc-clio.com/ODLIS/odlis_d.aspx，(参照 2011-08-16)．

電子的方法により，しばしばリアルタイムで行われるレファレンスサービス。利用者は，コンピュータやその他のネット技術により，離れた場所にいるレファレンスサービス担当者とやり取りする。コミュニケーションの方法は，チャット，テレビ会議，IP 電話，cobrowsing[23]，電子メール，インスタントメッセージなどがある（RUSA [Reference and User Services Association] guidelines for implementing and maintaining virtual reference services, 2004[24]）。

以上の定義には，以下のような共通点がある。
①利用者が図書館から離れた場所で受けられるサービスである。
②インターネットやこれに関する情報技術を利用する。
③リアルタイムでサービスを行える手法も存在する。

デジタルレファレンスサービスについては，さまざまなガイドラインが発表され，また，さまざまなグループで研究が進められている。さらに，専用の各種ソフトウェアが開発されている。

いずれにせよ，デジタルレファレンスサービス，もしくはバーチャルレファレンスサービスがインターネット時代のレファレンスサービスの一つの中心的テーマとなることが予想される。これは，インターネット技術の進化と軌を一にするので，今後，注意を払ってゆくことが重要である。

（3）レファレンスサービスの今後

レファレンスサービスの今後の姿については，一般論として述べること，つまり，すべての館種について共通することを述べるのは，なかなか難しい。館種を絞ると，ある程度具体的な予測が可能になる。たとえば，レファレンスサービスに非常に力を入れている館種である専門図書館について見てみる。

アブラム（Stephen Abram）は，専門図書館のレファレンスの将来の姿について，以下のように述べている[25]。

23：同一の Web ページを複数の人で同時に閲覧すること。
24："Guidelines for Implementing and Maintaining Virtual Reference Services". Reference and User Services Association. http://www.ala.org/ala/mgrps/divs/rusa/resources/guidelines/virtrefguidelines.cfm，（参照 2011-08-16）．
25：Stephen Abram. The Future of Reference in Special Libraries Is What Information Pros Can Make It. Information Outlook. 2007,vol.11, Iss.10, p.35-37.

「もし，われわれが何もしないで現在の環境に安住していれば，『井の中の蛙』だ。手遅れだと思った時には，もう跳ぶことができない」。つまり，専門図書館を取り巻く外部環境は急速に進歩し，技術も社会のあり様も激変しているのに，これまでのサービスを漫然と続けていればそのうち世の中から相手にされなくなる，ということを示唆している。

その上で，以下の八つのシナリオを提示している。

(1) 専門図書館員の"化石化"

何もしないで，ネット検索にすべて取って代わられる。

(2) インフォメーション・コモンズ[26]の実現

プロバイダーと連携して情報資源を統合的に提供する。

(3) ラーニング・コモンズ[27]の実現

レファレンスサービスをキーにして情報リテラシー教育の全面展開に乗り出す。

(4) チームに組み込まれた図書館員

個々のチームメンバーに対して，情報に関する専門性を活かして支援する。

(5) ITを活用した図書館員

ブログその他の新しいメディアを活用して情報サービスを行う。

(6) どこでも情報リテラシー教育を

図書館員を情報についての教育者として再登場させる。

(7) アバターが活躍

ウェブ上の仮想世界でも，アバター（ネット上の自分の分身）を登場させて質問に答える。

(8) 非常時に対応する図書館員

軍事，医療，災害，事故などにおける情報提供で重きをなす。

26：印刷メディア，電子情報資源，各種の図書館サービスなどを利用者に統合的に提供するサービスシステム。詳しくは以下の文献を参照のこと。永田治樹．大学図書館の新しい「場」：インフォメーション・コモンズとラーニング・コモンズ．名古屋大学附属図書館研究年報．2008, no.7, p.3-14. http://libst.nul.nagoya-u.ac.jp/pdf/annals_07_02.pdf, (参照2012-02-21).

27：インフォメーション・コモンズが「知識伝達」の部分に重点があるのに対して，そこから発展して利用者の自律的な学習を支援するサービスシステム。

これらのシナリオは，何もしない状況の(1)を除くと，同時並行的に採用可能なもののように思われる。そこから，得られる示唆は，以下の3点に要約されよう。

(a) コラボレーション（協力）

専門図書館員が，他の情報関係部署や情報サービス事業者等と協力し，斬新なサービスを開発すべきであるということである。利用者とも手を携えて，CGM（consumer generated media）[28]のような利用者主導のIT利用を目指すことも考えられよう。

(b) リテラシー

単なる図書館サービスの域を超えて，情報専門家としての自らの能力や知識を活用して教育訓練に乗り出す。これは，図書館員自身の知識を確実なものにするとともに，周囲からの図書館の評価を高めることに繋がる。とにかく社会では，「手伝ってくれる人」より「教える人」の方が，内容はともかく，外面的尊敬が集まる傾向がある。

(c) テクノクラート（高級技術職）

ITもしくはICTは，使いこなしてこそ価値がある。技術から出発して，情報哲学を語れる人材こそが，これからの難局に対処してゆけるものと考えられる。

こうしてみると，いわゆる図書館業務だけでなく，深い専門知識・職能と広い視野を持って，人々の情報収集・利用にかかわる行動を効果的に支援し，ある場合には，組織の経営やプロジェクト執行を情報面から支えることのできる人材のみがポジティブなシナリオを描けるのである。

ここで述べた議論は，専門図書館のみならず，図書館一般について，適用されるものと考えられる。

28：消費者が，主にインターネットを通じて発信するメディア。以下の文献を参照のこと。利用者主導型のIT利用環境に関する調査研究報告書：企業のIT, CGM利活用の現状．(財)日本情報処理開発協会, 2009, 290p.

5章　情報検索とは何か

　情報検索は，人々がある目的をもって知的活動を行う際に必要不可欠な行動の一つである。情報検索とは，英語の information retrieval（IR）の訳語であり，あらかじめ蓄積された情報集合から，ある特定条件に合致した情報のみを取り出すことである。したがって，英語では information storage and retrieval というのが正確であり，情報の蓄積を前提としている。retrieval という英語は，re という接頭辞が付いていることからもわかるように，あらかじめ蓄積された情報を再び呼び戻すということを意味している。1950年にムーアズ（Calvin N. Mooers）が，information retrieval という用語を初めて定義し，1960年代になって広く使われるようになった。

　日本語の検索という言葉をみると，検索の「検」は検査の「検」であり，入力した検索語の文字列が蓄積された情報と一致するかどうかを「調べる」ことである。「索」は索引の「索」であり，「ものを引き出すひも」という意味から「引く」ということを意味している。文字を中心とした情報検索では，入力した検索語を対象としてデータベース中の一致する語を調べて，それを適合したと判断して引き出してくる。すなわち，情報検索では，入力した検索語と文字列一致しているかどうかが基本になっている。現在の情報検索は文字列検索が主流であるが，同義語辞書や人工知能システムなどを用いて，不完全ながらも概念検索に似たような検索方法も登場してきている。しかし，人間の脳が判断するような柔軟性のある情報検索は，コンピュータ処理では今のところ難しいと思われる。

　英語の search という言葉も情報検索の場面でよく使用される。おもに参考図書などを調べる調査において「探索」と訳されることもあるが，データベースでの検索においては retrieval と同義に扱われ，通常検索と訳されている。

1．情報検索の種類

（1） マニュアル検索とコンピュータ検索

a．マニュアル検索

　マニュアル検索とは，参考図書や二次資料（二次情報を収録した書誌，目録，目次誌，索引誌，抄録誌）の印刷物を手作業（マニュアル）で検索することをいう。コンピュータ検索が普及する以前の1970年代半ば頃までは，わが国の図書館ではデータベースを使用できなかったために，二次資料をマニュアル検索しなければならなかった。

　しかし，今日では百科事典や各種辞典類などの参考図書や二次資料の多くが電子化されてデータベースとして提供されており，コンピュータ検索が主流となっている。しかし，今日でもすべての資料がデータベース化されているわけではないので，レファレンスサービスにおいて印刷物による調査が必要な場合も多々ある。

　マニュアル検索では，資料の目次，索引，見出し語などを手がかりに検索することになり，非常に時間がかかることも多い。しかし，人間の目でブラウズできる利点もある。たとえば，スペルのわからない外国人の著者名検索の依頼があった場合，すぐにコンピュータ検索を行うことは不可能である。

b．コンピュータ検索

　コンピュータ検索は，情報が電子化されたデータベースやデジタルコンテンツとして存在している場合に，コンピュータを使用して必要な情報を検索することである。これは，情報が蓄積されているメディアによって，ディスク検索とインターネット検索に分けることができる。コンピュータ検索で扱うデータベースやデジタルコンテンツは，マルチメディアの情報が扱えるため，印刷物では得られない音声，動画なども検索できる。

　❶ディスク検索　　ディスク検索は，CD-ROM あるいは DVD の記録メディアに収録されたデータベースを，手もとのパソコンあるいは CD チェンジャーなどの LAN を介して検索する方法をいう。図書館では，新聞記事，百科事典，

辞書・辞典，企業情報，図書情報などのデータベースをディスクにより提供している場合が多い。収録されている情報は，データベースが作成された時点で固定されるため，インターネット上にあるWebページのように情報が流動的ではない。CDの作成が頻繁に行われないとデータ更新が行われないため，最新情報を収録することが難しくなる。

❷インターネット検索　インターネット上には多種多様な情報が存在するが，インターネット回線を通じてそれらの情報を検索することをインターネット検索という。インターネット検索は，検索エンジンで検索できる情報と，できない情報に大別することができる。

　GoogleやYahoo! JAPANなどの検索エンジンでは，それらのWebサイトに用意されている質問ボックスに検索語を入力したり，カテゴリーを順にたどったりすることによって情報を検索することができる。一方，日本の近代文学に関する研究論文を探したい場合は，国文学研究資料館が提供する国文学論文目録データベースを利用することも考えられる。この場合，このデータベースの検索項目や検索方式にしたがって検索する必要があり，検索エンジンでは検索することができない。

　現在，さまざまなWebページが無料で検索できるが，有料で提供される商用データベースも，Webサイトから利用できる。その場合は，データベース作成機関や，各種データベース提供機関のWebサイトから，利用者番号（ユーザーID）とパスワード（暗証番号）を入力して利用する。インターネット検索では，ページ間のリンク機能を活用することができるため，インターネットが普及する以前のオンライン検索方法とは異なる利便性をもっている。

　インターネット検索については，5章7節で詳しく述べる。

（2）遡及検索とカレントアウェアネス検索

　データベースに収録されている情報に対して，情報の収録期間をどのように区切って検索するかということで，遡及検索とカレントアウェアネス検索という2通りの検索方法がある。

a．遡及検索

　現在から過去に遡って特定のテーマについて検索することを遡及検索（retrospective search）という。遡及検索は，情報が必要とされた時点から必要な年数だけ過去にさかのぼって検索する。商用データベースの検索では，必要とする情報をどこまで遡及できるかは収録年数に依存する。一方，インターネットで公開されているデジタルコンテンツは，Webページの内容が随時その作成者によって変更されるため，最新情報を検索するには有効である。しかし，Webページの内容がいつまでも更新されない場合や，突然Webページが削除される場合もあるので，この点注意が必要である。

b．カレントアウェアネス検索

　カレントアウェアネスとは，最新情報を知ることという意味である。したがって，カレントアウェアネス検索（current awareness search）とは，現状における最新情報を検索することを意味する。カレントアウェアネス検索に基づく情報提供サービスを，カレントアウェアネスサービスということが多い。図書館では，新着図書の一覧リストを作成して利用者に提供したり，新着雑誌の目次（コンテンツ）を提供するサービスがあるが，これらもカレントアウェアネスサービスの一種である。

　情報検索における代表的なカレントアウェアネスサービスとして，SDI（selective dissemination of information）サービスがあり，情報の選択的提供と訳している。商用データベースでは，SDIサービスも利用できる。SDIサービスでは，関心の深いテーマについて，常に最新情報を入手するために，検索テーマに関する検索式をあらかじめコンピュータに登録しておく。データベースに最新情報が追加された時点（データベースの更新時点）で，その検索式が自動的に実行され，検索結果を利用者のもとに電子メールなどで提供する。この登録された検索式のことをプロファイル（profile）という。したがって，適切な検索式をSDI登録しておけば，定期的に最新情報を入手することができる。

　インターネット上の情報も，RSS（RDF Site Summary, Rich Site Summary, Really Simple Syndication）で記述された文書を，RSS受信ソフトウェア（RSSリーダー）を使用して，インターネット経由でパソコンや携帯電話から最新情報を自由に閲覧することが可能になっている。図書館などでも上述した新着雑誌や新着図書情報をRSS配信するサービスが行われている。

（3）書誌情報検索とファクト検索

　情報検索は，検索する対象が文献に関する情報であるか，数値情報や画像情報などのファクト（事実）に関する情報であるかという観点により，書誌情報検索とファクト検索に大別できる。図書，雑誌論文，新聞記事などの内容に関する文献情報は，図書館などで最もよく扱う情報である。これらの書誌データや本文の概要に関する文字情報を検索することを書誌情報検索という。すなわち，書誌情報検索は，文献の書誌データ，キーワード，抄録，所蔵などの情報を収録したレファレンスデータベースを検索することである。オリジナルな文献を探すために使用される。

　ファクト検索は，事実型検索ともいわれる。株価や為替レート，統計データなどの数値情報，写真や設計図などの画像情報，テレビニュースやコンサートなどの動画情報など，直接求める情報を検索することをファクト検索という。雑誌論文や新聞記事などは，電子ジャーナルの普及や電子化された本文も提供されており，これらは，フルテキストデータベース（全文データベース）として，ファクトデータベースの一種に分類できる。しかし，文献に関する情報という観点からは，文献検索として捉えることもできる。

　情報検索は文献検索を中心に発展してきたが，情報が記録されるメディアの開発が進み，マルチメディア情報を収録するデータベースが多くを占めるようになっている。インターネット社会においては，文献検索中心からファクト検索も含めたマルチメディア型の検索への移行が進んでいる。

（4）自然語検索と統制語検索

　実際の情報検索では，人名や会社名などのように固有名詞を検索することもあるが，何かの事柄などについて検索したいことも多く，その場合はキーワードを使用して検索する。日常使用している言葉をそのまま検索語として検索する方法を自然語検索あるいはフリーターム検索という。自然語検索では，思いついた言葉で検索できるという利点がある一方，必要な情報が漏れてしまわないようにできるだけ多くの言葉を検索語として使用することが要求される。
　すなわち，次のような点を考慮しなければ，必要な情報が漏れる可能性が高

くなる。

①同義語［例：本，書物，書籍，図書，ブック，など］
②表記のゆれ［例：デジタルとディジタル，タンパク質と蛋白質，など］
③略語と完全表記［例：BSEと牛海面状脳症，JISと日本工業規格，など］
④日本語と英語［例：図書館，ライブラリー，library，など］
⑤表現の違い［例：日本，わが国，など］

　検索する時にこのような配慮をしなければならない煩わしさを回避したり，検索漏れを防いだりするために，統制語検索がある。件名標目表やシソーラスという統制語リスト（統制語彙集）を参照して，そこに登録されている統制語を使用して検索する方法が統制語検索である。たとえば，本，書物，書籍，図書，ブックなどは同義語であるが，自然語検索ではこれらのすべての語を検索語として入力しなければ，検索漏れを生じてしまう。それはコンピュータ検索の基本が文字列一致検索であり，概念による検索をしていないからである。

　データベースに情報を蓄積する段階で，件名標目表やシソーラスを参照して代表する統制語を決め，たとえば「図書」を索引語として付与しておく。このデータベースで，「図書」を検索語にして検索すると，原文献では本，書物，書籍などという言葉で表現されていても検索漏れを起こすことがなくなる。このような統制語による検索を統制語検索という。さらに統制語検索では，上位語（上位の広い概念の言葉）で検索すると下位語（下位の狭い概念の言葉）を含めた検索ができる（これをアップポスティング（up-posting）という）ため，検索漏れが少なくなるという利点がある。

　統制語やデータベースの索引作業については，本章6節2項で詳しく述べる。

（5）索引ファイル照合検索と全文検索

a．索引ファイル照合検索

　1950年代末頃から行われている方法で，データベースを高速処理するために，インバーテッド・ファイル（inverted file）という索引ファイルをあらかじめ作成しておく方法である。商用の情報検索システムではほとんどこの方法を用いているが，検索エンジンでも高速に結果を表示するためにインバーテッド・ファイルを使用しているものもある。

106 | 5章　情報検索とは何か

```
レコード1
キーワード（KW）
    A，B，D

レコード2
キーワード（KW）
    A，B，F

レコード3
キーワード（KW）
    C，D，E

レコード4
キーワード（KW）
    B，C，E

レコード5
キーワード（KW）
    A，C
```

データベース

インバーテッド・ファイル

KW	レコード番号	件数
A	1，2，5	3
B	1，2，4	3
C	3，4，5	3
D	1，3	2
E	3，4	2
F	2	1

シーケンシャル・ファイル

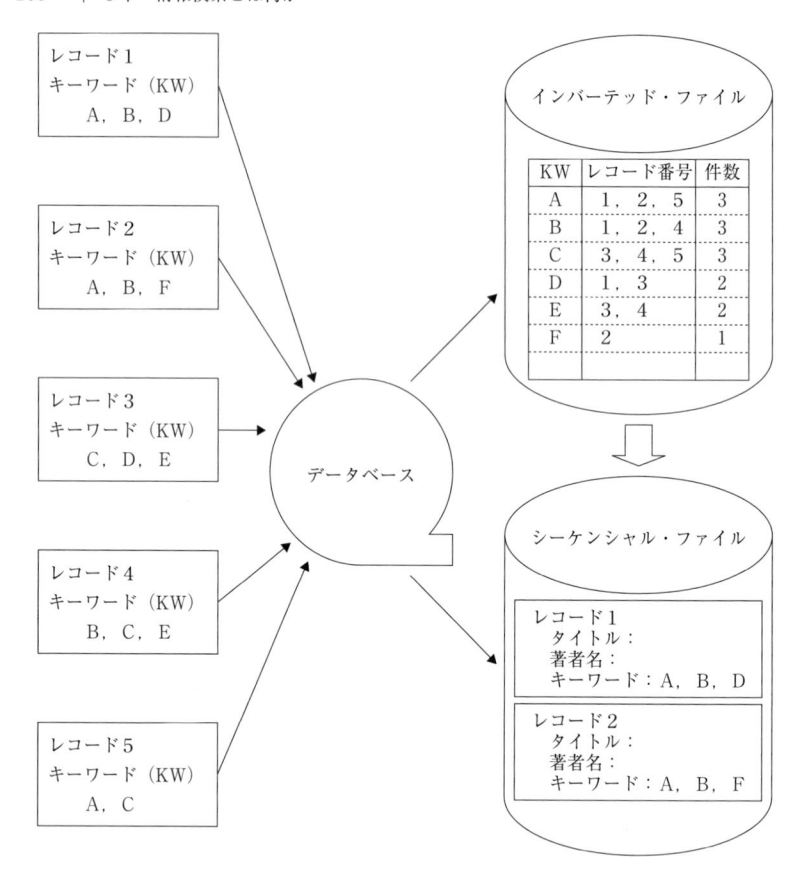

```
レコード1
  タイトル：
  著者名：
  キーワード：A，B，D

レコード2
  タイトル：
  著者名：
  キーワード：A，B，F
```

5-1図　インバーテッド・ファイルとシーケンシャル・ファイル

　この検索方法では，5-1図に示したように，検索語を入力すると，コンピュータ内で最初にインバーテッド・ファイルを見に行き，検索語をインバーテッド・ファイルの中身と照合するだけで，レコード番号とヒット件数を直ちに表示することができる。インバーテッド・ファイルは，転置ファイル，倒置ファイルとも呼ばれる。レコード番号順ではなく検索語から逆に情報をたどるという意味で，次に述べるシーケンシャル・ファイルに対する転置ファイルということで，この名がある。

　データベースの蓄積年数が長くなればなるほど，インバーテッド・ファイル

が膨大になるため，文献データベースでは，主題内容を表すキーワードの検索語と，著者名，著者の所属機関名，雑誌名などは，別々のインバーテッド・ファイルとして用意している場合が多い。

　シーケンシャル・ファイル（sequential file）は，シリアル・ファイル，順編成ファイル，線形ファイル，リニアファイルなどとも呼ばれる。5-1図に示したように，データベースに収録されるレコード単位に順次連続的に入力したもので，おもに検索結果の出力や一度検索した結果を対象に絞込検索をする場合に使用されるファイルである。通常，インバーテッド・ファイルから得られた検索結果に対して，回答出力命令を入力するとインバーテッド・ファイルのレコード番号から，シーケンシャル・ファイルの該当番号を照合して，コンピュータ画面上に検索結果である個々のレコード内容を表示する。

　このファイルを直接検索に使用すると，レコード番号順に順次検索していくことになるため，検索時間が非常にかかる。そこで検索者に検索結果を迅速に表示するために，インバーテッド・ファイルが使用される。

b．全文検索

　今日ではコンピュータの処理速度が飛躍的に向上したため，インバーテッド・ファイルを作成しないで，シーケンシャル・ファイルを直接検索する情報検索システムや検索エンジンも多くなっている。データベースやWebページのテキストを先頭から順次文字列検索する方法である。このような順次検索方式では，データの追加・削除・修正が自由にできることが大きな長所となっている。また，一つの単語にヒットした後，その近くをさらに検索して単語間の関係を見ていくこともできる。

　ただし，全文検索方式でもテキストの前処理としてインバーテッド・ファイルを作成する方法をとったり，順次検索方式との併用方法をとったりする検索システムもある。

（6）概念検索と連想検索

a．概念検索

　文字列の一致で検索結果を示すのではなく，言葉の持つ概念や意味で検索することを概念検索という。しかし，現在の情報検索システムでは，検索語に対

する文字列の一致を基本としているため，検索漏れを防ぐには，必要な同義語，類義語，関連語などを考えて検索しなければならない．とくに一般の利用者がいろいろな検索語を漏れなく考えることは，事実上不可能に近い．また，件名標目表やシソーラスを使用することは，図書館員のような情報専門家以外の人々には難しい．そこで，現在では情報検索システムに統制語彙を組み入れて自動的に概念検索ができるような研究が進んでいる．一般に同義語や類義語検索に関しては，ある程度期待できる成果を得ている．

この点で，進んでいるのは，特許情報の分野である．特許出願には新規性が重要条件であるため，ある特定の特許と類似した特許を発見することが必須となる．そこで，特許明細書の類似文書検索においては，概念検索がある程度実現化されている．

b．連想検索

連想検索は，連想計算機能をもつシステムとしてGETAなどのソフトウェアを用いて，基本的には利用者が選択した文書集合から語の集合が抽出され，それらの語の出現頻度や単語間類似度計算に基づいて検索が実行されている．検索者が入力する文章の類似性に基づく検索方法に，その特徴がある．これは，従来のようにキーワードを入力する検索方法のほか，自然に書かれた文章を入力でき，本章3節で述べる論理演算子（ANDやORなど）をまったく使用しない検索方法である．

検索結果には，結果の表示のほか関係語がリストされるので，それらの語を用いて再検索することもできるようになっている．国立情報学研究所（NII）が提供するWebcat Plusのほか，新書マップ，Book Townじんぼう（神保町の古書店），千夜千冊マップ，文化遺産オンライン，国立国会図書館が提供するデジタルアーカイブポータルPORTAなどで使用されている．

2．情報検索の流れ

図書館員が図書館利用者から受けて行う代行検索では，いつまでにどの程度の情報が欲しいのか，予算はどのくらいかなどを確認してから着手しなければならない．図書館員は5-2図に示したような情報検索申込書を用意し，検索

2．情報検索の流れ | 109

情報検索申込書

No.		受付日： 年 月 日
氏名：	所属：	電話番号： E-mail：

検索テーマ（できるだけ詳しくお書きください。）：

同義語・関連語：	既知の文献等：

検索結果：	網羅性重視 適合性重視	期待文献数： 件	予算： 円
検索期間：	年～ 年	言語： 全言語 日本語 英語 その他（ ）	

情報検索システム（検索エンジン）とデータベース名：
1．インターネット検索（ Google　Yahoo!　bing　[　　] 　[　　]）
2．ディスク検索　　（ 　　　　　）　（ 　　　　　）
　　　　　　　　　（ 　　　　　）　（ 　　　　　）
3．商用データベース検索　日経テレコン21　（ 　　　　　）
　　　　　　　　　　　　NICHIGAI/Web　（ 　　　　　）
　　　　　　　　　　　　JapanKnowledge　（ 　　　　　）
　　　　　　　　　　　　JDreamⅡ　（ 　　　　　）
　　　　　　　　　　　　その他　（ 　　　　　）

検索式：

検索時間： 分	検索料金： 円	納期： 年 月 日
備考：		検索結果の受渡し方法： 　1．手渡し　3．FAX 　2．郵送　　4．E-mail
検索日： 年 月 日	検索者：	受付者：

5-2図　情報検索申込書

前のインタビューを利用者と十分に行うことが必須である。また，インターネットからの情報も含めて，すでにわかっている情報を提供してもらうことも，情報検索の手がかりになる。そのため，申し込み受付段階で，既知の情報の確認が必要となる。

　情報検索の流れは，5-3図に示したような手順で進められる。情報検索の受付から検索結果を依頼者へ回答するところまでが主な流れである。しかし，図書館員としては最後に検索テーマ，検索語，検索式，検索結果などを保存し，再度の検索依頼や同様の検索テーマがあったときに備えておく必要がある。データベースソフトを使用して，保存・管理することなどが行われている。

　情報検索の流れは，以下の5段階のステップによって行われる。

❶検索の受付とインタビュー　　5-2図に示した情報検索申込書の二重線より上の部分はできれば利用者自身に記入してもらい，二重線より下の部分は検索担当者が検索終了後に記入する。検索テーマの記入では，ⅰできるだけ文章で具体的に書く，ⅱ略語は必ずフルスペルを併記する，ⅲ検索の手助けとなる同義語や関連語はできるだけ多くあげる，ⅳすでに依頼者がもっている既知の情報を必ず聞いておく，などのことが重要である。

❷検索テーマの主題分析と検索方針の決定　　図書館員は，インタビュー内容に基づいて，検索テーマを主題分析して，適切な検索方法と検索語を決定する。有料のデータベースを検索する場合は，そのテーマを検索するのに最適なデータベースと情報検索システムを選定する必要がある。

　データベース作成機関，データベース提供機関，データベース代理店などのWebサイトで，各検索システムが提供するデータベースカタログなどを参照して決定する。検索エンジンを使用して検索する場合も，同一の検索語を同じ順序で入力して検索しても，検索エンジンによって表示される結果やその順位が異なるので，複数の検索エンジンを選定する必要がある。

　使用する検索語は，統制語が使用できる場合はシソーラスで確認し，自然語と併用する。インターネット検索では，同義語や類義語，略語なども考慮する。検索語を決定した後に検索式を作成する。このとき，件数が多かった場合の絞込みをどうするか，適合情報があまり無かった場合に，どのように広げるかなど，検索中に検索結果を見ながら臨機応変に対応できるように，あらかじめ検

2. 情報検索の流れ

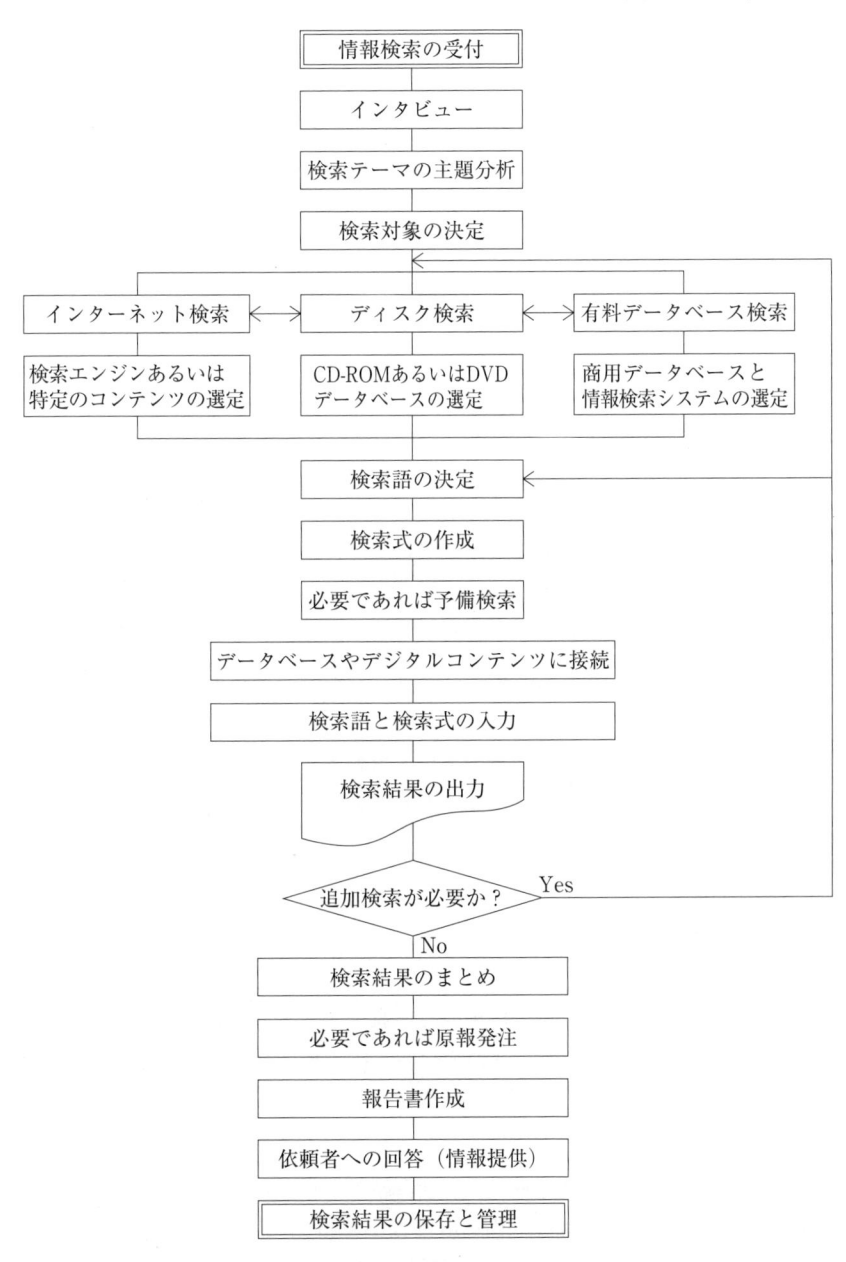

```
情報検索の受付
    ↓
インタビュー
    ↓
検索テーマの主題分析
    ↓
検索対象の決定
    ↓
┌─────────────┬─────────────┬─────────────┐
インターネット検索  ディスク検索   有料データベース検索
検索エンジンあるいは CD-ROMあるいはDVD 商用データベースと
特定のコンテンツの選定 データベースの選定 情報検索システムの選定
└─────────────┴─────────────┴─────────────┘
    ↓
検索語の決定
    ↓
検索式の作成
    ↓
必要であれば予備検索
    ↓
データベースやデジタルコンテンツに接続
    ↓
検索語と検索式の入力
    ↓
検索結果の出力
    ↓
追加検索が必要か？ ─Yes→（検索対象の決定へ戻る）
    ↓ No
検索結果のまとめ
    ↓
必要であれば原報発注
    ↓
報告書作成
    ↓
依頼者への回答（情報提供）
    ↓
検索結果の保存と管理
```

5-3図　情報検索の流れ

索の進め方の方針を立てておくとよい。

❸検索の実行　準備した検索語や検索式を，クエリボックス（質問ボックス，検索ボックス，など）へ入力したり，検索画面の項目（フィールド）に入力したりして，状況を見ながら検索していく。そして，得られた検索結果を確認して，まだ検索を続けたほうが良いかどうかを判断する。

　必要に応じて検索方法を変えたり，検索語や検索式を見直したりして，より良い検索結果を得られるようにする。結果を確認して，重要な情報が抜けていないかどうか，検索漏れがないかどうかなどに気をつける。適切な情報が得られない場合は，本当にその情報が無いということをほぼ確認できるように，徹底的に検索する必要がある。

　結果がゼロ件であるということも重要な情報である。特許の先行調査などでは，重要な意味を持つことになる。コンピュータ検索では，印刷物のようにすべて目を通すことができないため，本当にゼロ件かどうかを多角的に検索して確認する必要がある。

❹検索結果の整理と情報提供　得られた検索結果は，依頼者の要望に応じて整理したり，情報を利用しやすいように加工したりして提供する。必ず報告書を作成して，検索結果と一緒に提供する。

❺検索結果の保存と管理　図書館員は，依頼者からの再度の調査依頼や，似たような検索テーマを受ける場合を予測して，担当した検索テーマ，検索語や検索式などをデータベースに保存・管理する。

3．情報検索の理論

　コンピュータ検索の基本は，論理演算の概念である。入力した検索語に対して，データベース全体の情報から合致するものを検索し，それらを論理積，論理和，論理差の集合の概念を用いて，広げたり狭めたりしながら必要とする情報を検索していく。一語だけで検索するワンタームサーチは，単純すぎて，あまり行われない。事実，数万件以上の検索結果が得られてもそれらをすべて見ていくことは非現実的である。したがって，いくつかの検索語を組み合わせて，求める情報を絞り込んで，検索していく方法が一般的である。

（1） 3種類の論理演算と論理演算子

　二つ以上の検索語を組み合わせるための論理演算の方式には，5-4図に示したように，論理積（AND 検索），論理和（OR 検索），論理差（NOT 検索）の3種類がある。多くの情報検索システムでは，論理積では AND 演算子を，論理和では OR 演算子を，論理差では NOT 演算子を使用して検索する。これらの演算子を，論理演算子と呼ぶ。入力するとき，通常の場合，論理演算子は大文字でも小文字でもかまわない。

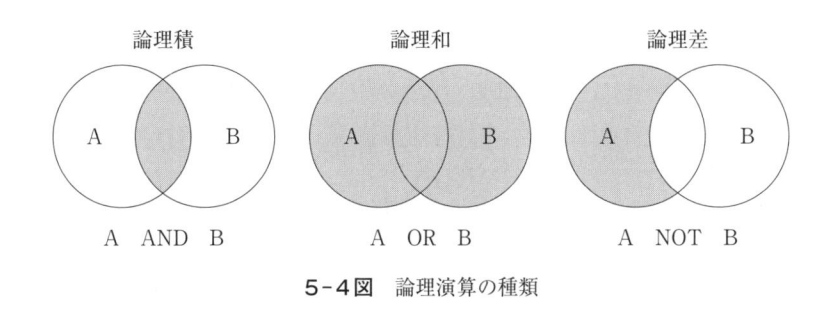

5-4図　論理演算の種類

（論理積：A AND B、論理和：A OR B、論理差：A NOT B）

❶論理積　　Aという検索語をもつ情報の集合とBという検索語をもつ集合の両方を含む部分を検索することを論理積または AND 検索という。たとえば，「高校におけるコンピュータ教育」というテーマを検索するとき，検索語Aとして"高校"を，検索語Bとして"コンピュータ教育"を考え，それらの検索語が共に存在する集合部分，すなわち5-4図の論理積の灰色部分が，該当する情報として検索される。この場合，検索式は"高校　AND　コンピュータ教育"となる。このテーマの場合は，さらに"高校　AND　コンピュータ　AND　教育"という検索式も考えられる。この場合は，この三つの検索語がすべて重なった部分が，該当する情報として検索される。論理積は，検索語同士を AND 検索することにより，情報を絞り込んでいくことができる。

❷論理和　　Aという検索語をもつ情報の集合とBという検索語をもつ集合のいずれか一方の検索語をもつ集合部分と，両方の検索語を共にもつ集合部分すべてを検索することを論理和あるいは OR 検索という。上記の検索テーマの場

合，Ａの検索語として"高校"を，Ｂの検索語として"高等学校"を考え，"高校　OR　高等学校"と入力すると，それらのいずれか一方の検索語をもつ集合部分と，両方が存在する部分のすべてが，該当する情報として検索される。コンピュータについても同様に考えることができ，"コンピュータ　OR　コンピューター　OR　計算機　OR　電算機"という検索式が考えられる。このようにいろいろな同義語をOR演算子で入力すると，それらの集合全体が求める情報部分として検索される。この例のように，論理和は同義語などをOR検索することにより，検索される対象は広がって，漏れの少ない検索ができる。

❸論理差　Ａという検索語をもつ情報の集合から，Ｂという検索語をもつ集合部分を除いた部分を検索することを論理差あるいはNOT検索という。この場合，ＡとＢの両方の検索語をもつ情報が削除される。たとえば，「原田智子が書いた論文の中から山﨑久道との共著を除く論文」というテーマを検索するとき，"原田智子　NOT　山﨑久道"と入力すると，"原田智子"の著作の集合部分から，"山﨑久道"という検索語をもつ検索集合が除かれる。すなわち，原田智子と山﨑久道の共著の論文が除かれる。

キーワード検索でNOT検索を行うと，入力した二つの検索語を比較検討しているような場合の情報が検索されなくなり，求める検索語について十分な記述があるような情報も落としてしまうおそれがある。言語や著者名などの検索の場合，NOT検索は有効であるが，キーワード検索では慎重な配慮が必要となる。

これらの論理演算は，検索エンジンで検索する場合にも使用できる。質問ボックスが一つしかない場合は，そこに複数の検索語をスペースで区切って入力すると，通常自動的にAND検索が実行される。もちろん，ここに論理演算子を使用しても検索が実行されるが，Googleの「検索オプション」画面やYahoo!JAPANの「条件を指定して検索」を選択すると，論理演算を実行する質問ボックスがあらかじめ用意されている。

（2）トランケーション

情報検索の基本は，入力した検索語の文字列と完全に一致する完全一致検索である。しかし，たとえばネットワークという語を含むすべての語を検索した

い場合，ネットワークシステム，ネットワーク社会，情報ネットワーク，コンピュータネットワークなどの言葉をすべて思い浮かべて，個別に入力することは非常に労力のかかることである。また，漏れなくネットワークを含む語を考えることも不可能である。このような場合，語の一部を任意文字に置き換えて検索するトランケーションという方法を行うと便利で効率的である。

トランケーション（truncation）とは，円錐などの先端を切断するという意味である。情報検索ではキーワードや著者名などの検索語を入力する場合に，語の一部を任意文字に指定して検索することをトランケーションという。トランケーションを使用して検索すると，その文字列を含む語を漏れなく検索してくれる。トランケーションは，以下に述べるように4種類あるが，情報検索システムによって4種類すべての検索ができる場合とできない場合がある。また，情報検索システムによっては，前方一致検索と中間任意検索を併用することもできる。

任意文字とする部分に使用する入力文字を，マスク文字あるいはワイルドカードという。マスク（mask）とは，覆い隠すという意味である。情報検索システムによってマスク文字は，「？」マーク，「！」マーク，「＄」マーク，「＊」マーク，「＠」マークなどが使用され，それぞれ意味が異なることがあるので，使用する情報検索システムのマスク文字の意味を確認してから使用するようにしなければならない。デフォルト（コンピュータにあらかじめ設定した状態）が前方一致検索になっている情報検索システムでは，完全一致検索はできない。

トランケーションには，次の4種類がある。

❶前方一致検索　検索語の末尾を任意文字に指定する検索を前方一致検索という。ディスク検索や商用データベース検索では，前方一致検索は，大体どの情報検索システムでも可能である。0文字以上何文字でもよいという意味に使用するマスク文字として「？」マークを使用した場合，"情報？"と入力すると，"情報"，"情報検索"，"情報検索システム"などの語を含むレコードが検索される。

❷後方一致検索　検索語の始まりを任意文字に指定する検索を後方一致検索という。"？情報"と入力すると，"情報"，"安全情報"，"特許情報"などの語を含むレコードが検索される。

❸中間任意検索 　検索語の途中を任意文字に指定する検索を中間任意検索という。"情報？システム"と入力すると，"情報システム"，"情報管理システム"，"情報検索システム"などを含むレコードが検索される。また，英語の場合，"WOM？N"と入力すると，"WOMAN"と"WOMEN"の単数形と複数形の両方を同時に検索できる。

❹中間一致検索 　検索語の両側を任意文字に指定する検索を中間一致検索という。中間一致検索は，部分一致検索ともいわれる。"？情報？"と入力すると，"情報"，"情報システム"，"交通情報"，"交通情報システム"などを含むレコードが検索される。すなわち，中間一致検索には前方一致の検索結果も後方一致の検索結果も含まれる。検索エンジンではマスク文字を使用しないが，入力した検索語に対して中間一致検索を行っている。

　このようにトランケーションを考慮して検索語を入力することにより，検索漏れを防ぐことができる。しかし，一般に3文字以下の略語の入力ではノイズ（検索テーマと無関係な不要情報）を招くおそれがあるため，トランケーションを使用しないで完全一致検索を行ったほうがよい。

　ただし，ここで述べたトランケーションの問題は，日本語の場合，情報検索システムの辞書作成の方式や，分かち書きソフトの採用いかんによって，状況が異なってくることに注意する必要がある。

4．情報検索結果の評価

　検索終了後，求める情報が適切に検索できているか，検索漏れやノイズがないかどうかをチェックすることは大切なことである。検索漏れは，本来，その検索では，当然検索されるべき情報で，データベース中に存在するにもかかわらず，実際には検索されなかった情報である。これに対し，ノイズとは，そのテーマに不要な情報が，検索されてしまったものである。実際には，入力する検索語をさらに追加したり修正したりして検索漏れを補ったり，トランケーションの使い方を見直すことによりノイズをできるだけ少なくするように，検索語や検索式を修正して再検索する。

　検索結果の評価基準には，顧客満足度を調査する方法と，再現率および精度

を計算する方法とがある。

(1) 顧客満足度

　図書館員が依頼者から受けて代行検索を行った場合，依頼者自身の満足度という評価尺度は重要である。顧客満足度は主観的な尺度であるが，依頼者が充分満足する情報提供ができているかどうかを把握できるものである。その意味で，情報サービスを行う立場の者にとっては，非常に重要な要素である。検索結果に基づいてアンケートやインタビューを実施して満足度を確認する。満足度が高いとその依頼者は検索者を信頼し，その後のリピーターとなり得る。

(2) 再現率と精度

　再現率（recall ratio）は，データベース中に存在する情報要求（テーマ）に合致する適合情報全体のうち，どれだけが検索されたのかという割合を表し，検索漏れの程度を示す指標となる。

　精度（precision ratio）は，以前，適合率（relevance ratio）ともいわれたが，実際に得られた検索結果の情報全体のうち，どれだけ適合情報が検索されたかという割合を表し，ノイズの程度を示す指標となる。精度は実際の検索結果から容易に計算できるが，再現率は，データベース全体の適合情報を実際に調べ

$$再現率\quad R = \frac{B}{A+B} \times 100\%$$

$$精　度\quad P = \frac{B}{C+B} \times 100\%$$

　　A + B：検索要求に合致する適合情報の全体
　　C + B：検索された情報の全体
　　　A：検索漏れ（適合情報にもかかわらず検索されなかった情報）
　　　B：検索された適合情報
　　　C：ノイズ（検索テーマに合致しない不要情報）

5-5図　再現率と精度

ることは不可能であるため，通常，正確にはわからない。再現率と精度の関係を示すと5-5図のようになる。

たとえば，10件の文献を出力してその全件が適合文献であった場合，精度は（10／10）×100％＝100％となるが，これには落とし穴が存在する。このとき，データベース全体に100件の適合文献が存在した場合，再現率は（10／100）×100％＝10％となり，残りの90％が検索漏れとなる。この例のように，精度が100％であるからといって，必要な情報の90％が漏れているような検索はよい検索とはいえない。

再現率も精度も共に高いことが理想的であるが，5-6図の左側に示した図のように，実際の検索では縦の線を左に移動させて再現率を高めようとすると，ノイズが増えてしまい精度が下がってしまう。同様に，縦の線を右に移動させて精度を上げようとすると，今度は適合情報も漏れてしまい再現率が下がるという関係にある。そこで理論上は，5-6図の右側に示した図のように，縦の線を右に倒して横線に近づけるようにすると，再現率を高めると同時にノイズも減らすことが可能になる。実際の検索においては，入力した検索語の同義語を加えて再検索したり，適切なトランケーションを用いたり，適切な演算子を使用した検索式の見直しを検討したりすることで，再現率と精度を上げるようにして再検索を行う。

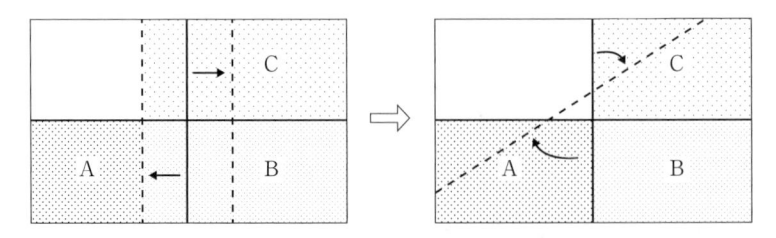

5-6図 再現率と精度を高めるための理論図

一般に再現率を上げるためには，①統制語と自然語を併用して，できるだけ多くの同義語や関連語を入力する，②完全一致検索ではなくトランケーションを使用した検索を行う，などが考えられる。精度を上げるためには，①統制語に限定する，②入力した検索語が標題や書名に存在するものに限定する，③適

合順検索を行う，などの方法が考えられる。たとえば，日本経済新聞社の新聞記事検索では，見出しと本文の長さ，各見出しと本文における入力検索キーワードの出現頻度から適合度を計算し，得られた検索結果を適合度の高い順に出力することができる。また，国立国会図書館サーチでも，適合度順検索を選択できる。

情報検索では，再現率を重視する網羅的で漏れの少ない検索をしたい場合と，多少の漏れはあってもよいが，精度の高い検索をしたい場合とがある。たとえば，すでに同じ発明が出願されていないかどうかを調べる特許の先行調査の場合は，1件でも検索漏れがあると致命的になる恐れがあるので，再現率を重視してノイズを承知で検索する。ある研究者や作家などの業績集などを作成する著者名検索の場合も，同様に検索漏れがあってはならない事例である。

一方，多少の検索漏れがあってもよいが，おもな文献を何件か知りたいという精度を重視した検索もある。いずれにしろ，最初に検索方針を立てておくことが重要である。

とくに図書館員が依頼者から受けて検索する場合は，5-2図に示した情報検索申込書に網羅性重視（再現率を重視する検索）を望むのか，適合性重視（精度を重視する検索）を望むのか，あらかじめ記入欄を設けて確認しておく必要がある。有料の商用データベースで検索する場合は，不要な情報に対しても出力料金がかかる場合があるため，依頼者とのトラブルの原因とならないように検索申込時に充分なコミュニケーションをとっておくことが大切である。

5．データベースの定義と種類

高度情報社会では，データベースは必要不可欠な情報資源となっている。本節では，そのデータベースの定義と種類について解説する。

（1）データベースの定義

データベースとは，わが国の「著作権法」第二条十の三に「論文，数値，図形その他の情報の集合物であって，それらの情報を電子計算機を用いて検索することができるように体系的に構成したものをいう。」と定義されている。ま

た，同法第十二条二には，「データベースでその情報の選択又は体系的な構成によって創作性を有するものは，著作物として保護する。」とあるように，データベースは著作物として保護されている。すなわち，データベース全体およびデータベースに収録されている個々のレコード一つひとつも，著作物として保護されている。

データベースの特徴としては，収録されている大量のデータや情報が，コンピュータ処理できるように体系的に整理され，統合化・構造化されて蓄積・保存され，いつでも必要なときにコンピュータを用いて必要な情報だけを検索できるようになっていることが挙げられる。また，データベース構築においては，蓄積や更新が容易に行えるように効率化を図る必要がある。

このような条件に当てはまるもの，すなわち記録メディアが電子的に蓄積され，検索可能であればすべてデータベースといえる。たとえば，新聞記事，図書，雑誌論文などの文章を中心としたもの，株価，物価指数，統計などの数値データ，写真，イラスト，地図，設計図などの画像，ライブ，テレビ番組，映画などの映像，デジタルカラオケで特定の音節を取り出せるようになっているもの，WebサイトやWebページなど，多種多様なデータベースが存在している。

（2）データベースの種類

米国では1960年代半ばから，データベース作成機関において専門家の手によって，文献データベースが構築されてきた。日本においても1970年代半ばから，日本科学技術情報センター（現・科学技術振興機構）や日本経済新聞社などにおいて，論文や新聞記事のデータベースが作成されてきた。これらの文献データベースは，おもに書誌データを中心とした情報を収録しており，オリジナルな論文や新聞記事の全文が収録されているわけではないので，レファレンスデータベースと呼ばれる。

その後，国産の商用データベースが，数多く生産されるようになった。一方，1995年以降のわが国におけるインターネットの急速な普及に伴い，Webサイトが次々と誕生し，娯楽や趣味などから学術情報まで，多種多様なデータベースが玉石混淆な状態で存在している。

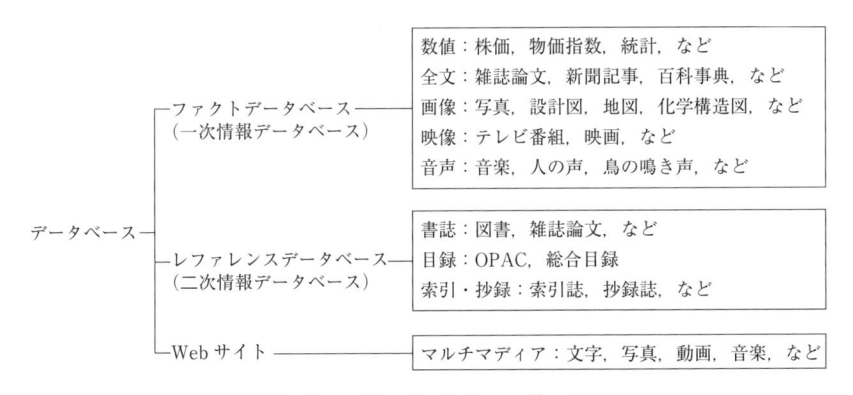

5-7図　データベースの種類

```
                    ┌─ ファクトデータベース ──┬── 数値：株価，物価指数，統計，など
                    │  （一次情報データベース） ├── 全文：雑誌論文，新聞記事，百科事典，など
                    │                          ├── 画像：写真，設計図，地図，化学構造図，など
                    │                          ├── 映像：テレビ番組，映画，など
                    │                          └── 音声：音楽，人の声，鳥の鳴き声，など
データベース ──────┤
                    │                          ┌── 書誌：図書，雑誌論文，など
                    ├─ レファレンスデータベース ─┼── 目録：OPAC，総合目録
                    │  （二次情報データベース） └── 索引・抄録：索引誌，抄録誌，など
                    │
                    └─ Web サイト ──────────── マルチマディア：文字，写真，動画，音楽，など
```

5-7図　データベースの種類

　データベースは，5-7図に示したように，一次情報を収録するファクトデータベース，二次情報を収録するレファレンスデータベース，多様な情報を収録するマルチメディア型データベースであるWebサイトに大別できる。

　ファクトデータベースとは，数値，文字，画像，映像，音声などの単独あるいはそれらが同時に提供されるマルチメディア型のデータベースのことをいう。知りたい情報がそこに直接収録されている。図書館で扱う文献情報に関していえば，全文データベースの普及が挙げられる。新聞記事データベースでは，一部著作権の許諾が得られない場合を除いて，記事全文を，写真も含めて読むことができる。百科事典データベースには，本文および写真や図が収録されているが，印刷物の内容と比べて，必ずしも同一でない場合がある。

　レファレンスデータベースは，書誌や文献リスト，目録，目次誌（雑誌の目次の部分を集めたもの），索引誌（文献リストをキーワード順に並べた二次資料），抄録誌（書誌事項に文献の抄録も掲載した二次資料）などが電子化されてデータベースとして提供されたものをいう。これらは，文献情報に関するデータベースで，書誌データベースとも呼ばれる。

　レファレンスデータベースには，文献の原報（オリジナル）がデータベースに収録されていないため，別途入手する必要がある。文献を対象としているため，もともと文字情報であったが，今日では，インターネット上から提供される目録データベースのWebcat Plusや書店が提供する図書情報では，図書の

表紙の画像情報も提供されており，マルチメディア型で提供されるものも増えてきている。

雑誌論文では電子ジャーナルの普及により，以前に比べて利用者自身による原報入手がしやすくなっている。国立情報学研究所が提供する CiNii（サイニイ）や科学技術振興機構が提供する J-STAGE を利用すると，無料あるいは有料で原報を入手することができる。その他，大学や研究機関で実施されている機関リポジトリの増加や，国立機関や研究者自身の Web サイトからの発信により，検索エンジンでも原報を検索することができる場合がある。

6．文献データベース構造と索引作業

（1）文献データベースの構造とレコード

文献データベースは，レコードと呼ばれる情報単位の集合で構成されている。収録されている個々の論文や新聞記事などの情報単位をレコードと呼ぶが，レコード内容はデータベースの種類や内容によっても異なる。5-8図には，科学技術振興機構とジー・サーチが提供する JDream Ⅱという情報検索システムから提供される JSTPlus のレコード例を示している。

各レコードは，以下の検索フィールドなどで構成されている。

① 整理番号　　　　　　　　⑦ 資料種別，記事区分
② 和文標題　　　　　　　　⑧ 資料の発行国，本文の言語
③ 英文標題　　　　　　　　⑨ 抄録
④ 著者名および所属機関名　⑩ 分類コード
⑤ 資料名，JST 資料番号，ISSN　⑪ シソーラス用語（ディスクリプタ）
⑥ 巻号ページ（発行年月日）　⑫ 準シソーラス用語

データベースを構成する個々のレコードは，レコード番号順に格納されており，レコードはいろいろな検索フィールドによって構成されている。ディスク検索や OPAC（Online Public Access Catalog：オンライン利用者目録）では，これらの検索フィールドがあらかじめ指定されているので，自分が検索したい検索フィールドにカーソルを合わせて検索語や検索式を入力して検索する。

```
①整理番号：08A0300313
②和文標題：データベースと索引方針　サーチャーからみたデータベースの索引方針への期待
③英文標題：Database and indexing policy. Anticipation of indexing policy for databases from the viewpoint of a searcher.
④著者名：原田智子（鶴見大　文）
⑤資料名：情報の科学と技術 JST資料番号：F0178A ISSN：0913-3801
⑥巻号ページ(発行年月日)：Vol.58, No.4, Page.166-171 (2008.04.01) 写図表参：写図1, 参20
⑦資料種別：逐次刊行物(A) 記事区分：解説(b2)
⑧発行国：日本(JPN) 言語：日本語(JA)
⑨抄録：商用文献データベースにおける索引方針の内容と，インデクシングの問題点について論じる。大勢のインデクサーによる共同作業が必要となる大規模データベース構築では，蓄積される情報内容の統一性や一貫性が求められ，索引方針や索引作成マニュアルが必須である。サーチャーからみたインデクシングの問題点としては，索引方針や索引作成マニュアルの非公開，インデクシングの一致性の限界，インデクサーの主題に関する知識と文献内容把握の限界，インデクシングの質の問題が挙げられる。サーチャーは索引方針や索引作成マニュアルの公開によりインデクシングの全容を知ることができ，質の高い検索結果にもつながる。（著者抄録）
⑩分類コード：JD03030U, AC06020S, AC05030W (681.3:061.68, 002.5:005, 002.5:025.3/.4:005)
⑪シソーラス用語：*データベース，*文献検索，*インデクシング【計算機】，ドキュメンタリスト，一貫性，マニュアル，主題分析，検索効率，*索引
⑫準シソーラス用語：インデクサ，サーチャー，*文献データベース
```

5-8図　JSTPlusのレコード例

（2）文献データベースと索引作業

索引作業（インデクシング，indexing）とは，文献に表されている主題内容や概念に対して，それらを表現するために適切な一つ以上のインデクシング言語（indexing language）を定めることをいう。インデクシング言語は，主題内容や概念を表現するために記号やコード体系をもつ場合は，分類記号と呼ばれ，用語の体系をもつ場合はキーワードと呼ばれる。

キーワードには自然言語（natural language）を使用する場合と，同義語や言葉の階層関係や関連関係を体系化した統制語彙（controlled vocabulary）を使用する場合がある。したがって分類記号を付与することも索引作業の範疇に入るといえる。

図書の巻末索引を作成する場合もSIST13（科学技術情報流通技術基準）のようにインデクシングという用語が使用されているが，SIST13では雑誌記事索引を除外している。

索引作業は，文献データベースに蓄積される図書，雑誌記事，特許文献などのさまざまな文献情報を対象として，それらを後日検索するために，情報専門家によって行われる作業である。すなわち，データベースを利用する検索者は，索引作成者による作業の成果を利用することになる。多くの商用文献データベースにおいて，検索対象となる検索語は，索引作成者の付与したインデクシング言語と，コンピュータによる形態素解析などを利用した標題（title）や抄録（abstract）からの自動抽出語である。

大規模な文献データベース作成においては，個々の文献が次々と追加され，大勢の索引作成者による共同作業が必要となり，そこには蓄積される情報内容の統一性や一貫性が求められる。また，データベースへの収録のタイムラグ（時間の遅れ）を少しでも短縮したいため，決められた入力タイムスケジュールに従って作業する必要がある。データベース構築の管理者は，全体として，作業分担の状況や作業の進捗状況を常に管理する必要も生じる。

このような状況でデータベースを作成するには，当然索引方針や索引作成マニュアルが必須であり，索引作成者にはこれらを遵守することが求められる。検索する時のキーワードは，5-9図のように大別することができる。一般に，統制語リストでは，「図書」のように同義語の中から代表に選ばれた語をディスクリプタ（優先語）といい，それ以外の「本」「書物」「書籍」「ブック」などを非ディスクリプタ（非優先語）という。統制語に対して，統制を図っていない語を自然語という。これには，文献で使用されている言葉や，データベースに蓄積する時に索引者が付与するフリータームがある。文献中に使用されている言葉は，コンピュータによって自動抽出され，それらが自然語検索の対象となる。

情報検索で使用される統制語リストには，おもにシソーラス（thesaurus）

キーワード ┤ 自然語 ┤ コンピュータによる自動抽出語
　　　　　　　　　　　索引者が付与するフリーターム
　　　　　　 統制語 ┤ ディスクリプタ
　　　　　　　　　　　非ディスクリプタ

5-9図　キーワードの種類

と件名標目表（subject headings）がある。これらは基本的に，ディスクリプタ，非ディスクリプタ，相互参照，スコープノート（ディスクリプタの意味範囲や使い方を指示する注記）などから構成されている。また，通常用意されるリストとしては，五十音順あるいはアルファベット順リスト，分野別リスト，階層リストなどがある。

わが国で使用されている統制語リストには，『基本件名標目表第4版（1999年）』『JST科学技術用語シソーラス2008年版』『日経シソーラス2008年版』があり，『JST科学技術用語シソーラス2008年版』と『日経シソーラス2008年版』は，オンライン版がWebサイトから無料で提供されている。

「情報サービス」という言葉は，『JST科学技術用語シソーラス2008年版』と『日経シソーラス2008年版』の両方に，ディスクリプタとして登録されており，5-10図および5-11図に示したとおりである。同じ言葉でありながら，シソーラスによって下位語が異なっていることに注意が必要である。

これは，『JST科学技術用語シソーラス』は科学技術分野の学術論文に使用されるシソーラスであるが，『日経シソーラス』は新聞記事に使用されるシソーラスであるためである。なお，5-1表には，件名標目表やシソーラスで使用される記号の意味を示している。『JST科学技術用語シソーラス』では2008年版から同義語参照が記載されなくなっている。『日経シソーラス』では同義

```
情報サービス（ジョウホウサービス）
BA01
NT VOD【ビデオオンデマンド】
    webサービス
    カレントアウェアネス
    ・SDI【情報】
    ・コンテンツサービス
    図書館サービス
    ・レファレンスサービス
BT サービス
RT オンライン処理
    計算機網
    データベース
```

5-10図　『JST科学技術用語シソーラス2008年版』の例

5章 情報検索とは何か

```
［50音順一覧］
情報サービス［LG］

［分野一覧］
情報・通信［L］        ←大分類
情報産業、マルチメディア[LG]    ←中分類
情報サービス
  ・オンラインサービス
  ・情報提供サービス
  ・・医療情報サービス
  ・・気象情報サービス
  ・・結婚情報サービス
  ・・不動産情報サービス
  ・ビデオ・オン・デマンド
```

5-11図　『日経シソーラス2008年版』の例

5-1表　件名標目表およびシソーラスで使用される記号の意味

語の関係	参照関係	記号
同義語・類義語関係	同義語	USE または → UF（Used For）
階層関係	最上位語	TT（Top Term）
	上位語	BT（Broader Term）
	下位語	NT（Narrower Term）
関連語関係	関連語	RT（Related Term）または See Also

語および関連語参照は，［50音順一覧］に記載されており，［分野一覧］には階層関係だけが記載されている。

　インターネットのWebページを検索する時にも，検索結果が思わしくない場合や漏れがあっては困るような検索をしたい場合，これらのリストを参照して同義語や類義語，関連語などを見つけることは非常に有効である。

　人手による索引作業は，主題に詳しい専門家による主題分析を通じて，キーワードや分類付与がなされる。単に文字や言葉を抽出しているわけではないので，データベース内の情報の品質を保つことができ，文字列一致によらない概

念からの検索ができる利点がある。

しかし，そのような情報専門家の育成や確保の難しさ，作業にかかる時間とコストの問題点も生じている。長い伝統を持つ文献データベースとして，米国国立医学図書館が作成するMEDLINEや，米国Chemical Abstracts Serviceが作成するCAなどが有名である。100年以上も前から，二次資料およびデータベースを作成しているこれらの機関では，現在に至るまで人手とコストをかけて文献データベースが作成され続けている。学術情報を扱う情報専門機関としての品質保証，信頼性の確保が，世界の学術研究の発展に多大な貢献を果たしているのである。5-12図の写真は，米国オハイオ州にあるChemical Abstracts Serviceでの情報専門家による索引作業の様子を示している。

5-12図 Chemical Abstracts Serviceにおける索引作業の様子
（撮影：原田智子）

7．Webサイトの構造とインターネット検索の仕組み

（1）WebサイトとWebページ

インターネットで提供されるWebサイトは，複数のWebページから構成されており，あたかも一冊の本のようなものであるといえる。Webサイト内では複数のWebページ同士をリンク機能で相互に結びつける一方，その中は階層構造をなしている。Webページとは，Webブラウザで一度に表示できる情報の集まりであり，Webサイトとは，Webページをひとまとまりにして公開するWebページ群をいう。

（2）インターネット検索

現在，普通に情報検索といえば，インターネット検索を指すことが一般的である。世界中（World Wide）に蜘蛛の巣（Web）のように情報同士を結びつ

けて，検索を可能にしている。URL（Uniform Resource Locator）と呼ばれるアドレスで識別されたWebサイトやWebページ同士をリンク機能で結びつけることにより，次々と関連する情報を検索できるようにしている。

（3）検索エンジンの種類

インターネット検索では，World Wide Web（WWW）上に存在するたくさんのWebサイトやWebページを検索するために開発された検索エンジンを使用する。検索エンジンでは，5-13図に示す表層Webのみが検索対象となり，深層Webを検索することは基本的にはできない。

したがって，図書館でレファレンスサービスを実施する場合，深層Webの情報資源を適切に活用することが情報専門家としての司書に求められる。深層Webには，客観性があり信頼性の高い情報が多く存在するため，検索エンジンでそれらのWebサイトの入口を見つけたら，そこで提供される個別のデータベースに対する検索方式にしたがって，深層Webの中身を検索する必要がある。

検索エンジンは，次に示すロボット型検索エンジン，カテゴリ型検索エンジン，ハイブリッド型検索エンジン，メタ検索エンジンの4種類に大別できる。

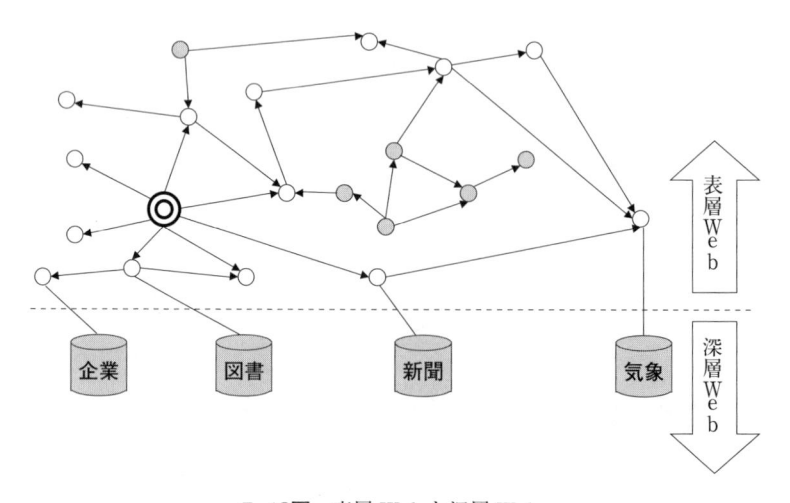

5-13図　表層Webと深層Web

a．ロボット型検索エンジン

　ロボットあるいはクローラーと呼ばれる情報収集プログラムを実行し，任意のWebページを基点として，Webページを結合しているリンクを次々とたどってWebページを収集し，一定時間内に収集できた範囲を表示する仕組みの検索方式をとる検索エンジンをロボット型検索エンジンという。代表的なものにGoogleがある。

　ロボット型検索エンジンによる検索では，5-13図中の◎で表された任意のWebページを基点として，○で示したWebページを矢印で示した方向にリンクをたどってWebページを収集していく。そのため，●で示す塗りつぶされているWebページは，基点としたWebページからのリンクがたどれないため，そこに情報が存在していても収集されない。このようにロボット型検索エンジンでは，すべてのWebページが収集されるわけではないということを知っておくことが重要である。

　したがって，収集は自動的に処理され人手を介さないため，次に述べるディレクトリ型と比べて検索結果の情報は雑多なページが多く，数も膨大で精度が余りよくない場合も多い。そのため，Googleなど各検索エンジンを提供する会社では，検索結果の表示ランキングに工夫を凝らしている。

b．ディレクトリ型検索エンジン

　ディレクトリ型検索エンジンはカテゴリ型検索エンジンともいい，Webページを登録する際に，検索エンジン提供会社の専門家がWebページの内容を見て，一定の基準にしたがって適切なカテゴリに分類している。

　さまざまな観点から検索されることを予想して，ひとつのWebページが複数箇所に分類されることもある。Webページに書かれていない言葉でも内容で分類されるため，文字列一致によらないで検索ができる。一方，人手による分類作業を行うため，登録されるWebサイト数はロボット型に比べて少なく，登録されるまでのタイムラグが発生するという欠点もある。代表的なものにYahoo!カテゴリがある。

　提供されるカテゴリは，主題別に階層構造をもっており，大きな概念のカテゴリから順に狭い概念のカテゴリへと絞り込んでいくことで，目的のWebサイトを検索する仕組みをとっている。したがって，キーワードを入力する必要

がないため，適切なキーワードが思いつかない場合や，Webページに書かれている言葉を気にすることなく検索できる利点がある。一方，自分の得たい情報がどのカテゴリに属するのかを判断する必要があり，あちこちブラウズする必要も出てくる。

c．ハイブリッド型検索エンジン

ハイブリッド型検索エンジンとは，ロボット型とカテゴリ型の両方の機能を提供している検索エンジンをいう。ロボット型もカテゴリ型もそれぞれ利点も欠点もあるため，双方を補完するために，現在では両方を提供している場合が多い。GoogleもYahoo!も両方の検索機能を有している。検索エンジン提供会社の統合や一部機能を提供したりする動きもあり，時代により変化している。

d．メタ検索エンジン

複数の検索エンジンを検索することができる検索エンジンをメタ検索エンジンという。検索方式は，5-14図に示したように横断検索型と渡り検索型の2

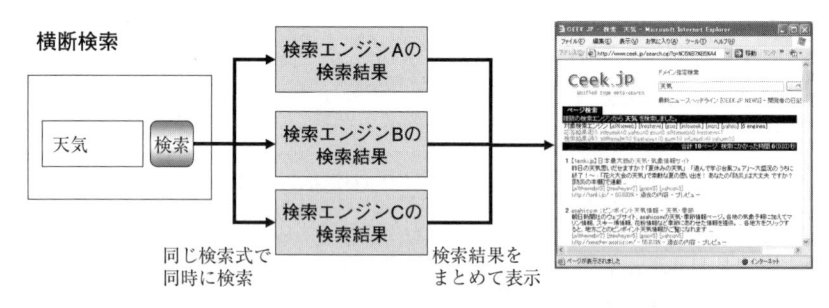

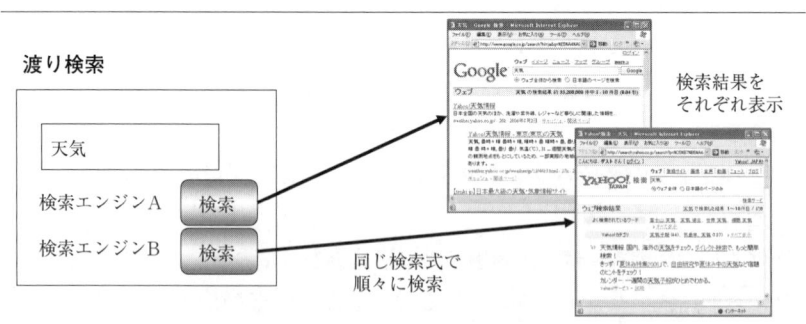

5-14図　メタ検索エンジンの種類

種類に大別できる。横断検索型は，一括検索型，串刺し検索型，同時検索型，統合型ともいわれ，Ceek.jp やメッチャ検索エンジンがあり，検索語を入力すると，複数の検索エンジンに対して同時に検索を実行させ，検索結果を統合して一度にまとめて表示する。

それに対して，渡り検索型は，クエリボックス（質問ボックス）に入力した検索語を保持したまま，一つひとつの検索エンジンで検索し，その都度個別の検索結果を表示する仕組みになっている。一つの検索エンジンによる検索結果が表示された後，検索語入力画面に戻って，クエリボックスに新たな検索語を入力せずに，検索エンジンを切り換えるだけで順次検索を行える方式であり，例としては，「検索デスク」がある。この場合は，それぞれの検索エンジンの特徴を活かしながら検索を進めることができる。

（4）検索エンジンを使用して検索するときの注意事項

検索エンジンを使う際に，以下のことに注意して検索すると，より的確な情報を検索することができる。

(1) 検索できる範囲は，表層 Web の情報だけである。5-13図に示した点線以下の深層 Web の情報は，基本的には検索できない。

　　ただし，国立国会図書館のレファレンス協同データベースや国立情報学研究所の CiNii や Webcat Plus などは，深層 Web にある情報であるが，検索エンジンでも検索できるように改良されている。

(2) 検索結果の質と信頼性を確認する必要がある。Web ページにはさまざまな情報があり，作成者も多種多様である。図書館員として利用者に情報サービスする立場からは，複数の情報源による確認が必要である。Web サイトや Web ページの作成者が，国や地方公共団体などの公的機関や大学や図書館である，内容に記名があるなど，情報発信者の種類にも気をつけることが重要である。

(3) 検索エンジンによって検索結果の表示が大きく異なるので，いろいろな検索エンジンを使用するとよい。これは，検索対象範囲や検索結果を表示するためのランキング方法が異なるためである。

(4) 基本は文字列一致検索であるため，入力する検索語を工夫する必要があ

る。すなわち，入力したキーワードはWebページに表記されている文字列が検索対象となる。同義語や表記のゆれなどを考慮して検索する。また，単語だけでなく，フレーズ（熟語）や文章を入力することもできるので，特定の表現に限定した検索も可能である。

(5) 入力する英数字，記号，スペースなどは，原則として半角文字を使用する。全角と半角を区別することもあるので，注意が必要である。

(6) ヘルプを確認する。検索エンジンも日々改良され，今まで使用できた機能が使えなくなったり，新たな検索機能が追加されたりすることもある。

(5) 検索エンジン以外による検索

a．ポータルサイト

GoogleやYahoo! JAPANのトップページを見ると，上部に検索あるいはウェブのほかに，画像，動画，地図，ニュースなどの言葉が並んでいる。すなわち，これらの検索エンジンは単にWeb検索だけを提供しているのではなく，ニュースや画像などさまざまな情報を提供していることがわかる。このようにさまざまな情報をサービスするWebサイトをポータルサイトと呼んでいる。ポータルとは，入り口という意味である。現在では，すべての検索エンジンがポータルサイトとしてさまざまな情報サービスを行っている。

b．アーカイブ・サイト

インターネット上の情報は日々更新されていくため，過去のある時点でのWebページがどのようになっていたかを知ることは，検索エンジンではできない。過去のWebページを検索するためには，米国の非営利団体であるInternet Archiveが提供するWayBack Machineと国立国会図書館が提供するインターネット資料収集保存事業がある。

c．サブジェクトゲートウェイとリンク集

サブジェクトゲートウェイとは，特定の分野や関心事に焦点を絞ってインターネット上の情報源を一覧表示しているリストのようなもののことである。リストを眺めて見たいWebサイトへリンク機能で飛べるようになっている。リンク集も同じである。

d．サイト内検索とサイトマップ

特定のWebサイトの中に必要な情報があるということが分かっている場合に，その中だけを検索するサイト内検索がある。

また，目次一覧のようなサイトマップを活用すると，目的の情報を探すことがサイト内検索を行うより容易にできることも多い。

8．検索技術と情報専門家の役割

（1）情報検索を行う際に必要な技術

1章で述べたように，今日では誰でも気軽にインターネットで検索ができる環境が整い，何か分からないことがあった場合，図書館に行くというより，インターネットで調べるという人が増えている。日々生産される膨大な情報から，信頼のおける質の高い本当に必要な情報をどのように検索したらよいかということが問題となっている。情報はインターネット上で提供されるものだけではなく，図書館が従来から収集している印刷物やその他のさまざまな記録情報資源なども多く存在する。

図書館員の任務は情報専門家として，利用者がその時必要とする情報を的確に提供することである。利用者の満足度を高めるために，とくにレファレンスライブラリアンには，以下に示す情報検索に関する知識と技術が求められ，プロとしての熟練も要求される。

■情報に対する高度な知識と技術

①データベース設計と構築……データベース設計，主題分析能力（分類作成，索引作成，抄録作成），データベース管理，テキストマイニング

②Web情報資源の活用能力……データベースの知識，データベースごとに対応できる検索戦略技術

③情報発信技術能力……データベース構築技術，Webページ制作技術，パスファインダーやリンク集の作成，FAQ（よくある質問）の作成，論文の執筆とプレゼンテーション

④情報の評価・選別能力……アンケート及びインタビュー調査法，統計処理

⑤知的財産権・情報倫理に関する知識と習熟

❷コミュニケーション能力　　利用者の情報行動の理解，インタビュー技法，図書館利用者・同僚・他の図書館員とのコミュニケーション，人的ネットワークの形成

❸急激な環境変化に対応できる柔軟性と，新しいことに対する好奇心

❹組織の一員としての問題解決能力と協調性

❺明確なコスト意識

❻利用者教育と指導能力

❼広報活動やマーケティングに対する能力

　以上の7項目のほか，図書館情報学と主題専門分野の知識の両方の知識や技術の習得は必須である。図書館の館種によって，その必要とする専門分野の知識は異なる。公共図書館の場合は利用者の情報要求も多岐にわたるため，新聞やニュースなどに常に関心を持ち，最新情報に対する気配りが必要となる。大学図書館や学校図書館では，教育や研究を実践する教員に対して学術的な情報が必要とされる。専門図書館では，専門分野に特化した深い専門知識が要求される場合も多い。

　情報環境は急激な進展が予想されるため，情報検索の知識や技術の向上に常に努力を傾注することが必要となる。そのためには，図書館情報学や情報検索に関する認定試験や，情報処理に関する資格試験などにチャレンジすることも大切である。また，現場におけるOJT（On the Job Training）や研修によって，スキルアップする努力も必要である。また，体系的な勉学の場としては，大学における社会人向けのリカレント教育も用意されている。

（2）情報専門家の役割

　情報専門家としての図書館員は，利用者が望む信頼性の高い情報を，必要なときに的確に提供することが職務である。利用者が必要な情報を入手する手助けをするのが，情報専門家としての図書館員の役割である。利用者自身が自ら情報検索したい場合は，そのために必要な知識や技術を教え，利用者から代行検索を依頼されれば，利用者の望む情報を利用者に代わって検索し提供する。

　すなわち，利用者一人ひとりの個別の情報要求に応えることが専門職として

の役割である。したがって，公共図書館におけるレファレンスサービスをはじめとする情報サービスは，洋服でいえば既製服ではなくオートクチュールの一点物なのである。利用者が望む情報サービスの仕方で，必要な情報を届けることが重要である。情報サービスは人的サービスであり，臨機応変な対応が望まれる。

　企業図書館や医学図書館などの専門図書館においては，情報のコンサルタントあるいはアドバイザーとしての役割が期待されている。研究開発や企画の立案段階から，情報を担当するメンバーの一員として参画し，必要な情報の収集を担う。医学・医療の分野では，EBM（ebidence-based medicine）すなわち科学的根拠に基づいた医療を行うことが義務づけられている。そのような場における医学図書館員の役割は大きい。信頼性と質の高い学術情報を的確に提供できなければならない。

　誰でもが気軽に検索できる時代だからこそ，情報専門家としての図書館員が今後ますます期待される。すなわち，伝統的な参考資料や商用データベースから最新のインターネット上の膨大な情報資源までを巧みに駆使して，信頼性の高い情報を的確にサービスすることが，利用者から期待されている。

6章　発信型情報サービスの展開

1．発信型情報サービスの登場

（1）発信型情報サービスとは何か

　図書館は時代，社会の変化に適応して，印刷情報資源に加えて，電子情報資源を積極的に取り扱っている。このことから，図書館サービスのハイブリッド化が定着し，ハイブリッド化された図書館は，ハイブリッド・ライブラリーとも称されている。
　印刷情報資源は資料の所有状況が，提供されるサービスの品質を左右していたが，電子情報資源においては，情報へのつながり（アクセス）がそれに該当する。情報へのつながりだけを考えれば，利用者は図書館に必ずしも来館する必要はなく，インターネット接続環境があればどこからでも，パソコンや携帯電話から必要な情報を探すことや，図書館に要求を出すことができるようになっている。そこで，ハイブリッド・ライブラリーにおける来館者サービスは，インターネットでは味わえないリアル空間サービスとしての「場としての図書館」を重視し，閲覧環境施設の充実をはかり，利用者との対面を増やすイベントの実施などに力を入れている。
　では，図書館の発信型情報サービスとは，具体的には何であろうか。来館者に対して図書館という館（やかた）の中で提供しているサービスも含まれるが，その多くは図書館のホームページ（以下，図書館 Web）から，利用者に対して情報を提供しているサービスのことを指す。
　図書館 Web は意識してもしなくても世界中を対象に，不特定多数の利用者に対して情報発信することができるので，広報手段としては必須である。とくに，図書館 Web のトップページは，利用者にわかりやすく案内をする図書館

の玄関口に相当するところから，図書館ポータルとも呼ばれている。そこで，本章においては，図書館の発信型情報サービスとして，図書館ウェブを利用して提供している発信型情報サービスついて説明することとする。

（2）図書館 Web を利用した発信型情報サービスメニュー

図書館 Web を利用した発信型情報サービスメニューの代表的なものを以下に挙げる。

a．OPAC（オンライン蔵書目録）

所蔵資料を検索するための検索窓（キーワード等の入力域）がひとつ，あるいは項目毎（著者，書名，出版年など）に複数用意されている。

b．開館案内，利用案内

開館案内は開館日，開館時間が色を使って視覚的にカレンダー形式で表示されている場合が多い。また利用案内では利用条件，貸出規則などが説明されている。

c．所在地・交通案内

図書館の住所，電話番号，交通機関を使っての行き方，所在地の場所を示す簡易地図，あるいは Google Map を使った地図が表示されている。

d．館内フロア

館内フロアには各階ごとにフロアの図が表示され，どこにどのようなものが設置されているかが，視覚的にわかるようになっている。また，そこから必要に応じて，リンクが張られて詳細な情報を得ることができる場合もある。

e．新着図書案内，テーマ別図書案内

新着図書案内は新たに整理をした図書などを，日本十進分類法（以下，NDC）などに従った分類ごとにリスト表示をされたものである。テーマ別図書案内は，既存資料も含めてテーマ別に，ある一定期間ごとにリスト表示をされたものである。

テーマ別図書案内が NDC に拠っていないことが多いのは，たとえばゴミ問題を取り上げた場合，文庫・新書の場合はコレクション単位で総記の分類に，教育の側面から捉えられれば教育の分類に，ごみ処理の側面から捉えられれば技術・工学の分類に，というように分類が分かれてしまうという NDC の短所

を補っているからである。

f．運営方針，収書方針

運営方針は，その図書館の運営規則などを明示された図書館運営の拠り所である。収書方針はその図書館の蔵書構築方針であり，通常は NDC に従った分類ごとに，収集への積極的・消極的レベルの考え方を明示したもので，運営方針と密接に連動している。

g．Q＆A，リンク集

よくある質問（FAQ ともいう）とその回答をあらかじめ掲載している。リンク集は類縁・関連のある図書館，機関，情報などにすぐにつながるように，それらをリスト化している。

h．RSS

RSS（RDF Site Summary; RDF は Resource Description Framework[1]）は Web サイトから更新情報などを扱うためのデータ形式の名称で，RSS を読み込む RSS リーダーを通して，当該 Web サイトに接続しなくても，そのサイトの方から，更新された最新の情報を自動的に知らせてくれる仕組みである。

i．お知らせ

お知らせでは，事前にかつタイムリーに発信して，できる限り多くの利用者に知ってもらいたい内容を提供している。これには，2種類の意味がある。ひとつは，利用者に不利益を与える事態が発生する（発生した）出来事を伝える内容で，たとえば蔵書点検による館内整理のため臨時休館案内，OPAC システムが稼働不可となってしまったことによる検索サービスの停止，などが考えられる。図書館としては，利用者の不利益によるダメージを必要最小限にとどめたいという危機管理対策のねらいがある。

もうひとつは，利用者の利益につながる内容として，たとえば図書館が主催する講習会・講演会などのイベント案内，貸出冊数の制限の拡大，インターネットを使った新たなサービスの開始，ボランティア・アルバイト募集，などが考えられる。図書館としては，反応者数の確保をめざし，利用者志向のサービスを実施していることを認知させたいというイメージアップ対策のねらいがあ

1：W3C（World Wide Web Consortium）により提案されているデジタルデータのメタデータ記述のための標準フォーマット。

る。

　j．メールマガジン

　図書館が作成しているメールマガジンは，当該図書館のイベントや新着図書案内などを月刊で発行（無料）している場合が多い。そのさいに図書館Webでは利用者自身で配信を登録する方法と，配信を中止する方法との説明がなされている。またバックナンバーも閲覧できる場合が多い。

　k．SNS

　SNS（Social Networking Service）は，人と人とのつながりを促進・サポートするコミュニティ型サービス，あるいはそのようなサービスを提供するWebサイトのことである。図書館界でも利用者との新しいつながりとして脚光を浴びて活用されており，その代表的事例として，Blog（ブログ），Twitter（ツイッター），Facebook（フェイスブック）がある。

　Blogは，Web日記とも称され，一般的には個人の日記などが中心で，時系列で比較的頻繁に記録されるWebサイト全般を含めての呼称である。図書館のBlogでは活動日誌が中心となる。Blogは投稿された記事に対して利用者がコメントを送ること，他人のBlogの記事に自身のBlogへのリンクを作成する機能から，不特定多数の参加者を巻き込んで情報共有を促進するメディアとして利用されている。

　Twitterは，ミニブログとも称され，140文字以内で主として図書館に関する内容のつぶやき（ツイート）を投稿し，そのつぶやきの中でリンクを張ることもでき，読者へ関心のある情報をたどる手助けをしてくれる。読者は関心のある図書館をフォロー（モニター登録をする）し，コメントしたり，リツイート（他者に転送）したりすることもできる。

　Facebookは，実名登録制の世界で運用されており，つぶやきを投稿する機能は140文字以内の制限はない。また，写真や動画のアップロードにも対応しており，臨場感を共有できるようになっている。Facebookを利用した図書館の発信内容に対する関心表明として，当該ページにある「いいね」のボタンをクリックすることで，当該図書館の友達（ファン）になることができる。友達になることで，自分のFacebookページに当該図書館のFacebookの投稿も表示されるようになり，当該図書館の投稿に対してコメントを送ること，共有

（シェア）すること，「いいね」の意思表示を示すことができる。

2．図書館 Web を利用した発信型情報サービスの先駆的事例

（1） 次世代 OPAC

　2000年代中ごろ以降，Web の新しい利用法として，それまでの情報の一方通行的な流れであった Web から，誰でもがパソコン，スマートフォン，携帯電話から Web を利用して前述した SNS で情報を発信し，それを共有しあう利用者参加型であるソーシャルメディアを利用する時代に突入した。このように，ソーシャルメディアと称される社会的コミュニケーション基盤となった新しい Web の状況を，Web2.0と呼ぶこともある。

　一方で，利用者がロボット型の検索エンジンを日常的に利用している影響から，伝統的な OPAC では，検索窓が一つになるシンプルなものが主流となった。ところが，その検索窓に，利用者が，検索対象になっていないにもかかわらず論文のタイトルを入力してしまったり，あるいは変換ミス，スペルミスをしてしまったりすることが頻発し，OPAC 検索に失敗する傾向が増えた。

　これに対して，Web2.0の流れを受け，次世代 OPAC[2]と総称される新しい OPAC の開発がアメリカなど諸外国で進められた。これは検索エンジンに特徴的な探索パターン，検索語を多く設定するなど，利用者が検索方法に習熟しなくても直感的に絞り込みができる設計をめざしていた。次世代 OPAC を Web2.0に合わせて OPAC2.0とも呼称するようになったが，その主な特徴は次の四つである。

2：工藤絵理子，片岡真．次世代 OPAC の可能性：その特徴と導入への課題．情報管理．2008．vol.51，no.7，p.480-498，http://www.jstage.jst.go.jp/article/johokanri/51/7/480/_pdf/-char/ja/，（参照2012-02-07）．
　なお，次世代 OPAC の事例として以下の二つを挙げる。
　　・"慶應義塾大学 KOSMOS"．慶應義塾大学メディアセンター．http://kosmos.lib.keio.ac.jp/primo_library/libweb/action/search.do?vid=KEIO&fromLogin=true，（参照2012-02-07）．
　　・"国立国会図書館サーチ"．http://iss.ndl.go.jp/，（参照2012-02-07）．

①適合度の高い順からの検索結果……既存の各種検索エンジンと同様に，利用者が入力したキーワードをアルゴリズムによって適合度の高い順に検索結果を表示させている。

②ビジュアル化した検索結果……既存のオンライン書籍発注システムと同様に，書誌情報に加えて目次情報をはじめ，表紙のイメージ画像が見えるものもある。また，資料種別をアイコンで表示している。

③ファセット分類を利用した検索結果の絞り込み……ファセットとは切り口のことであり，ここでは，情報のさまざまな切り口によって検索結果を絞り込んでいくことができる。出版年，分類，主題，言語，資料種別，同一人物を関連づける典拠コントロールによる著者名，などがそれに該当する。

④他の図書館，書店，データベースなどとの連携サービス……当該図書館の蔵書検索ツールであった伝統的な OPAC が，その機能だけに限定されることなく，利用者が求める原文献までを入手，依頼することをめざすものである。具体的には，OPAC 検索で，図書館が契約している電子ブック，電子ジャーナル，データベースなどがヒットした場合は，即時に全文を閲覧することができる。また，契約している情報源に該当しなかった場合には，その原文献を入手する他の機能を一覧表示し，オンライン購入書店へのつながりも含めて，利用者に入手するにあたっての選択肢を与えてくれる。他方で検索結果を利用するために，契約している文献管理ソフトウェアへの保存，電子メールに送信するという連携サービスなども行われている。

（2）マイライブラリ機能

図書館によっては，利用者のページ，利用者記録の照会，My ページ，My Account，My Library などと表現する場合もあるが，ここではマイライブラリと称することとする。マイライブラリ機能とは，インターネット上で利用者が，自身の貸出・閲覧・レファレンス情報を，照会・更新・取消・登録することができるセルフサービス機能である。実施している図書館ごとにそのサービス内容は異なるが，主なものとして次のようなメニューがある。

①現在，貸出を受けている資料の確認と返却期限の更新延長
②貸出中資料に対する予約申込，申込みをした内容の確認，申込をした資料

の受取館変更，予約申込の取消[3]

③新着案内メール……あらかじめ興味あるテーマなどのキーワードを登録して，それに該当する資料が整理終了後に利用できるようになったことをメールで知らせてもらえるサービスである。

④レファレンス受付フォームによる申込み，申込みをしたレファレンスの処理状況確認

⑤他図書館からの文献複写，現物貸借取寄せの状況確認

⑥図書の購入（大手書店などにリンク）

⑦キーワード，レビュー入力による利用者参加型サービス……利用者が当該図書についてのキーワードを自由に付与して，他の資料と関連づけることができる機能である。付与したキーワードは利用者全員に公開され，他の利用者が付与したキーワードを参照することもでき，逆に，付与したキーワードを，他の利用者が参照することもできる。また公開を前提としたレビューとしてコメント入力もできる。とくに，利用者が自由にキーワードなどをタグ（標識）づけし，情報の組織化をおこなうことをソーシャルタギングという。

⑧今度読みたい本の確認……今は，時間がないなどの理由で読めないが，いつか読みたい資料にメモをつけて登録するサービスである。

⑨図書館貸出記録の活用とおすすめリストの提案……図書館の貸出記録を利用して図書館サービスを向上を図るものである。当然のことながら個人の貸出情報を保護した上で，自身の貸出履歴を一覧する機能，当該図書を借りた人は他にこのような図書を借りているという一覧表示機能など，がある。また，自身の貸出履歴を利用して，借りた本，予約している本，今度読みたい本から興味を引きそうな資料を提案するサービス[4]もある。

⑩パスワード変更……マイライブラリを実行するには，利用者を識別するための認証行為を伴う。認証のためには，利用者ID（ユーザ名）とパスワ

3："蔵書検索と予約". 千代田区立図書館. http://www.library.chiyoda.tokyo.jp/search/index.html,（参照2012-02-07）.

4："おすすめリストの登録". 成田市立図書館. http://www.library.narita.chiba.jp/web-service/recommend.html,（参照2012-02-07）.

ードについて，図書館で申し込み入手の手続きをし，それを入力する。注意しなければならないのは，利用終了後は必ずログオフをする習慣をつけることが重要である。もしログオフを忘れたままに放置した場合，当該利用者の個人情報が他人に漏れる可能性があることや，当該利用者名義での依頼操作をされてしまう危険性がある。

（3）デジタルアーカイブ

　2009年になってデジタルアーカイブへの関心は，一気に高まった感がある。主な出来事として，グーグルブック図書館プロジェクトの行為が著作権侵害に該当するとしてアメリカで訴訟が起き，これに対する和解がアメリカ以外の国々の利害関係者にも効力が生じるとされた問題，国立国会図書館の所蔵資料の大規模デジタル化事業，公文書等の管理に関する法律の成立を挙げることができる。

　では，デジタルアーカイブとは何か。もともと公文書，あるいはそれらを保管しておく場所という意味でアーカイブズという言葉があったが，デジタルアーカイブは，公文書館に限定されることなく，図書館，博物館，美術館の収蔵品や所蔵資料をデジタル化して保存を行うこと全般を意味している。デジタルアーカイブ公開の大きな意義は，利用者が，必要な時にインターネット環境があれば，即座にワンストップでそれを閲覧できるということである。しかも，全文検索が施されていれば，新たな知との遭遇を可能にしてくれる。同時に，デジタル形式で閲覧することから，原資料の利用は制限され，後世に残す宿命を負っている資料保存の観点からは好ましい傾向となっている。

　デジタルアーカイブの中で代表的な存在として，国立国会図書館の近代デジタルライブラリー[5]がある。国立国会図書館が所蔵する明治期，大正期刊行図書をデジタル形式で閲覧できる。検索方法は3種類で，ひとつの検索窓に探したい内容を入力する方法，「詳しく検索」として書誌事項の各項目に入力する方法，「分類で検索」としてNDCによって分類されている一覧から抽出する

5：" 近代デジタルライブラリー"．国立国会図書館．http://kindai.ndl.go.jp/index.html，（参照2012-02-07）．インターネット提供は約17万冊．そのほか国立国会図書館の施設内で著作権処理前の図書約22万冊を提供．

方法がある。いずれも書誌情報を表示させると，同ページの下部に「目次をみる」（書誌に目次がある場合のみ），「本文をみる」というリンクがあり，さらにその下に「この図書の著作権情報」が表示されている。ここで著作権の状態（たとえば保護期間満了），あるいは著作権者不明等の場合，文化庁長官の裁定を受けた場合は裁定年月日が表示されている。

（4）機関リポジトリ

　近年，大学図書館においては機関リポジトリの構築が進みつつある。機関リポジトリとは，大学における教育研究の成果物を電子的形態でサーバに保存し，インターネットを通じて世界に無料で公開する電子書庫である。国立情報学研究所は学術機関リポジトリ構築連携支援事業[6]を2004年度（平成16年度）から行い，日本の大学図書館における機関リポジトリ構築に重要な役割を果たした。このような機関リポジトリに対して，大学におけるメリットとして，次の三つを挙げることができる。

　①大学資源の社会還元……研究教育成果をショーケース的見せ方で発信することによって，どのような知的生産物が産み出されているかということを，大学ごとに可視化でき，社会に還元する窓口の役割を果たすことができる。

　②機関のアイデンティティ確立……研究成果物を登録・公開することで，社会に対する教育研究活動に関する説明責任の履行ができること，さらには大学への認証評価への対応にも活用できる。

　③研究教育成果物の長期保存……学術機関の使命として，研究成果物の長期保存・提供を果たすことで，信頼性が向上できる。

　この機関リポジトリを充実していくためには，論文を書いた研究者自身が，論文の著者最終稿を機関リポジトリに登録していく仕組みの確立が必要である。すでに世界の主要学術雑誌の9割以上が，条件つきではあるものの，著者の論文をインターネットで公開すること，いわゆるセルフ・アーカイビングを認め

6："学術機関リポジトリ構築連携支援事業"．国立情報学研究所．http://www.nii.ac.jp/irp/，（参照2012-02-07）．

ている[7]。では，研究者における機関リポジトリのメリットは何だろうか。それは，次の三つを挙げることができる。

a．研究インパクトの拡大

自分の論文の発信力を高め，世界中でより多くの人々に読まれる機会が増え，その結果，引用される可能性も高まる。これには，機関リポジトリが全世界共通の通信規約（OAI-PMH）に基づいて公開する仕組みになっているので，登録した研究成果につけられる索引データ（メタデータ）が，グーグルなどのさまざまな検索エンジンからも検索対象となっていることが大きい。国立情報学研究所の「学術機関リポジトリポータルJAIRO[8]」では，日本の機関リポジトリに蓄積された学術情報に対する横断検索ができる。

b．信頼性の向上

自身の論文を，大学の教育研究成果のひとつとして，機関リポジトリで長期保存・利用を保証してくれる。

c．省力化

大学の研究業績データベースと，機関リポジトリとが連携することで，外部資金応募申請の際など，研究業績を容易に作成することができる。

1990年代前半から，物理学などの一部の自然科学分野では，学術雑誌掲載前の論文原稿，すなわちプレプリントを電子化してインターネットで無料閲覧できるプレプリント・サーバが存在していた。このプレプリント・サーバが主題分野別に存在しており，これらは機関リポジトリの主題別リポジトリともいわれている。

なお，機関リポジトリは単独の大学等の機関が構築するものだけではなく，地域で共同構築する事例[9]もある。これは技術，費用などの面で自力では機関リポジトリを構築できない機関のリポジトリ構築を可能にしている。このような共同構築には，大学の設置母体の違いは関係なく，さらには短期大学，高等

7：栗山正光. 総論　学術情報リポジトリ. 情報の科学と技術. 2005, vol.55, no.10, p413–420.

8："JAIRO (Japanese Institutional Repositories Online)". http://jairo.nii.ac.jp/, (参照2012-02-11).

9：2012年2月現在，国内で稼働している地域共同リポジトリは，弘前市，山形県，新潟県，埼玉県，福井県，愛媛県，広島県，山口県，沖縄県の9県域。

専門学校，文書館も参加している事例もある。

全世界における機関リポジトリの稼働数，およびわが国における同稼働数は次のとおりである。

全世界：2,168（Directory of Open Access Repositories より）[10]

日　本：155（国立情報学研究所　学術機関リポジトリ構築連携支援事業）[11]

　　　　　（注：いずれも2012年2月11日時点）

最後に，図書館からみて機関リポジトリのメリット四点を次に挙げる。

①大学における図書館の再評価……教育・研究成果の情報発信拡充のために，学位論文，および学内プロジェクトの研究成果をインターネットによる無償公開を原則義務化し，そのために当該大学の機関リポジトリへの登録を課すなど，機関リポジトリの位置づけが大学内で明確になっていれば，大学における図書館の評価，存在感，役割への認知度が高まる。

②特色ある電子図書館コレクションの構築……貴重資料，郷土資料など，いわゆる電子図書館コレクションの構築に寄与し，原資料の保存にも注意を向けさせるきっかけとなる。そのほかの電子図書館コレクションとして，大学独自に生産される知的生産物である日本学術振興会科学研究費補助金の研究成果報告書，著作権許諾を得た学位論文（博士），大学で正規に提供された授業とその関連情報である学習教材成果物をインターネット上で無償公開活動をしているオープンコースウェア（Open Course Ware：OCW）などがある。

③文献複写業務の一部省力化……当該大学の紀要論文などが機関リポジトリに掲載されるにつれ，今まで他大学図書館などから文献複写の取り寄せ依頼のあった紀要論文の申込みが減少していること，その反対に他大学などへの紀要論文の文献複写取り寄せについても，同様に機関リポジトリに搭載されていれば不要になり，双方で業務省力化につながる。

④交流，モチベーションの増加……学内の研究者との交流，他大学図書館職員との交流が増え，そして機関リポジトリの利用度が高まることも踏まえて，

10：“OpenDOAR Search or Browse for Repositories”. OpenDOAR. http://www.opendoar.org/find.php,（参照2012-02-11）.

11："機関リポジトリ一覧". 学術機関リポジトリ構築連携支援事業. http://www.nii.ac.jp/irp/list/,（参照2012-02-11）.

図書館員のモチベーションが上がっている。

　なお，研究者が機関リポジトリに自身の論文の著者最終稿を登録する割合が低いため，いかに研究者の理解を得るかが，機関リポジトリの課題である。また，大学によっては，機関リポジトリの担当者不足，構築予算不足などの問題を抱えている。

（5）主題情報

　暮らしに役立つ図書館の発信型情報サービスとして，医療・健康情報，ビジネス支援情報，法律情報などがある。利用率の高い公共施設である図書館が，これらの情報を提供することで，多くの利用者の課題解決の支援をすることになり，そのことが図書館員の意識改革にもつながっている。

a．医療・健康情報

　現在の医療行為において，患者自身が病気を受容し，治療方針の決定に参加し，積極的に治療を行おうとするアドヒアランスが高まることで，治療の効果性ならびにクオリティ・オブ・ライフ（Quality of Life：QOL）の向上が望めることから，患者を含む利用者が自ら医療関連資料・情報を調べ，必要な情報を得られるように図書館が支援するものである。その事例として，山形県鶴岡市の致道ライブラリー内に2007年11月に開設をした「慶應義塾大学先端生命科学研究所からだ館がん情報ステーション（以下，からだ館）」[12]を取り上げる。

　からだ館は，大学が地域の医療機関や行政と連携・協働して住民ニーズに応えていく「地域協働型」研究プロジェクトである。そのためからだ館には，地域住民に対して「がんに関するさまざまな情報にワンストップでアクセスできる場」であり，診療ガイドライン，闘病記，患者会資料などが備えられている。

　からだ館のほかにも，東京都立中央図書館の「健康・医療情報サービス」[13]，KOMPAS（慶應義塾大学病院医療・健康情報サイト／慶應義塾大学信濃町メ

12："慶應義塾大学先端生命科学研究所からだ館がんステーション"．http://karadakan.jp/，（参照 2012-02-11）．
13："健康・医療情報サービス：健康・医療情報を調べたい方のために"．東京都立図書館．http://www.library.metro.tokyo.jp/tabid/408/Default.aspx，（参照2012-02-11）．

ディアセンターが事務局)[14]などが充実している。

b．ビジネス支援情報

　公共図書館において活発に展開されているのが，起業にも既存会社の新規事業にも有効活用できるビジネス支援情報である。中規模以上の公共図書館には統計資料，白書，専門書などが揃っており，密度の高いビジネス情報を提供することができる。

　非営利組織であるビジネス支援図書館推進協議会[15]のホームページに掲載されている各地のイベント情報からは，じつに活発に全国でセミナー，データベース講習会，相談会などを実施していることがわかる。主な対象者として，起業予定者，中小企業経営者，ビジネスマン，就職活動中の学生，再就職希望の主婦など，幅広くサービスのターゲットにしている。図書館Webにおけるビジネス支援情報の場所では，中小企業診断士とのビジネス相談案内，データベース案内，ビジネス関連資料（お薦め本，業界誌，専門雑誌，新聞，資格試験問題集，伝記資料），リンク集などを提供している。

c．法律情報

　2009年5月21日から開始された国民に裁判員として刑事裁判に参加してもらう裁判員制度の実施，国民が公私にわたりトラブル解決にたずさわる機会の増加，などから，一般の人々の間に法律情報に対する関心が急速に高まってきている。そのため，利用者が図書館で法律情報を調べる機会が近年多くなってきている現状を受けて，図書館が利用者に必要な法律情報を提供するものである。図書館Webでは，テーマ別資料，判例の調べ方，法令の調べ方，リンク集，法律関係雑誌リスト，法律無料相談・セミナー，調べ方の道案内（パスファインダー），法律関係レファレンス事例集などを提供している。

14："KOMPAS 慶應義塾大学病院医療・健康情報サイト"．http://kompas.hosp.keio.ac.jp/，(参照2012-02-11)．
15："ビジネス支援図書館推進協議会"．http://www.business-library.jp/，(参照2012-02-11)．

3．図書館 Web を利用した発信型情報サービスの課題と展望

（1）課題

　発信型情報サービスにおいて基本となる概念は，「情報公開」ということである。著作権保護期間の満了した図書のデジタル化は，今まで書庫に埋もれてしまい利用者と遭遇する機会を隔絶していたが，そうした埋もれた知を広く一般公開をすることで，その知との出会いの機会を与え，新たな知の創造機会を生み出すことに貢献している。さらに発信する内容は著作物に限らず，図書館内で日常様々に起きる出来事に対して，たとえその内容が図書館にとって不利益なことであっても，利用者に対してタイムリーに発信することが求められている。すなわち，情報公開に対応できるオープンな図書館組織体制が求められているのである。

　そのうえで，さまざまな利用者を想定し，利用者間での情報格差を縮小することも，図書館の重要な使命である。この点では，教育機関との連携が重要であるが，ここでは，利用対象者ごとに四つの課題を挙げる。

　①こども対応……公共図書館は児童・生徒も利用するため，彼ら彼女らのために「こどものページ」（こどもよう，こどものへや，キッズページ，などと称する図書館もある）というような図書館 Web を用意する必要がある。学校図書館との連携を図りながら，カバーする範囲を充実していく必要がある。

　②外国人対応……図書館の利用者としては，日本人だけではなく，外国人居住者，外国人一時滞在者，留学生もいる。また，国際化の流れの中で，海外からのつながりに対応するため，外国語（特に英語）の図書館 Web を用意する必要がある。

　③視覚に障害のある方対応……視覚に障害のある方，高齢者，低学年の児童向けに情報をわかりやすく伝えることを目的として，ホームページを音声で読み上げたり，文字を拡大表示したりすることができる閲覧支援ツールが利用できるようにしておく必要がある。なお，すべての利用者が円滑に利用できるようにするため，図書館 Web 作成にあたっては，W3C のウェブコンテンツ・

アクセシビリティ・ガイドライン[16]に従うべきである。

④学校対応……学校への案内ページとして，幼稚園，小学校，中学校などの担当教諭向きに，学校訪問（図書館からの出張サービス），図書館見学，団体貸出等についてまとめておく必要がある。

また，図書館 Web は，パソコンからの接続のみではなくスマートフォン，携帯電話からの利用も多いため，モバイル版サイトを用意する必要がある。モバイル版サイトへのつながりは，そのアドレスを表示しておいて入力してもらう方法と，二次元バーコード（株式会社デンソーウェーブの登録商標であるQRコード）を表示しておき，これを読み取ってもらう方法とがある。

最後に，図書館 Web を利用した発信型情報サービスを継続して提供し続けるためには，非常時に備え，アーカイブの観点からの長期保存管理として，図書館 Web のバックアップを定期的にとることが必要である。また，図書館 Web の変更は容易なため，図書館 Web ごとに変更（修正）履歴をわかるように記載しておくことが，利用者へのわかりやすい丁寧な措置である。

（2）展望

図書館 Web を利用した発信型情報サービスは，インターネット時代における図書館の生き残り戦略のひとつとして位置づけられている。したがって，インターネットとの親和性がさらに高くなって，拡充の一途をたどっている。そのなかで，図書館の今後とも変わってはならない役割は，利用者の要望を見極めて，求められる情報を求められるタイミングで提供すること，あるいは，効果的に利用者をナビゲートすること，である。

最近，図書館関係の講演会，シンポジウムなどのイベントの模様を，動画共有サービスである Ustream でライブ中継されるようになり，会場に参加できない者にとっては非常に便利になってきている。今のところは Ustream よりは会場に参加している方が，より多くの情報が得られることは否めないが，Ustream は多くの人が同時に見ることができ，Twitter と連動することもでき

16：“Ｗ３Ｃ ウェブコンテンツ・アクセシビリティ・ガイドライン1.0”．ZSPC information for Accessible Web Design. http://www.zspc.com/documents/wcag10/．（参照2012-02-11）．

ることから，波及効果が大きいSNSに含まれる発信型情報サービスである。

　発信型情報サービスメニューで紹介したSNSは，利用者とのつながりを育み，うまく活用すれば，非来館者をも含めて多くの利用者とつながることができる。しかし，SNSは負の側面も多く，不用意な発言などによって利用者からの非難の集中砲火を浴び，収拾がつかなくなる炎上と称される現象に陥ることもある。そのため，SNSを利用する際には，事前に投稿など運用内規を作成すべきである。その上で災害時をも含めて，SNSはほかの発信型サービスメニューでは達成できない，利用者と双方向にコミュニケーションを図るツールとして，情報が伝播する速さや広がる力を持っている。図書館として，来館・非来館の利用者が集うSNSコミュニティを活かさない手はない。

　今後は，ますます発信型情報サービスである図書館Webを通して，その図書館を良質のものとして評価（ブランド化）されるようになる。質の高い内容を発信していれば，多くのWebサイトからリンクが張られ，検索エンジンからも高い評価を得ることができるようになる。図書館Webが，いずれの図書館においても評価向上（ブランド化）の鍵を握っている。

7章 利用者教育の現状と展望

1. 利用者教育とは

　図書館で行われている利用者教育（library user education 利用教育ともいう）には，オリエンテーション（library orientation），文献探索法（library instruction, bibliographic instruction），ガイダンス（guidance），情報リテラシー（information literacy）教育などが含まれる。

　広義での利用者教育（user education, library instruction）とは，利用者がもっとも効果的に図書館システムを利用できるように指導することである[1]。利用者教育とは，利用者を図書館に導き，図書館の施設・設備と資料の概要を示し，利用を促すよう動機づけ，図書館の資料・情報を効果的に活用するための知識や技術の伝授，などを目的として行われるものである。「図書館利用教育ガイドライン」では，利用者教育の領域を，①印象づけ，②サービス案内，③情報探索法指導，④情報整理法指導，⑤情報表現法指導の5領域に区分している[2]。

　利用者教育は，入学-卒業，学年，学期というサイクルが繰り返される学校や大学においては図書館の利用，資料・情報の利活用がサイクルに応じて展開されるため定型化しやすく，図書館活動の一環として熱心に取り組まれている。

　近年の情報通信技術の急速な発展・普及と，情報のデジタル化の進展の影響は図書館にも及び，従来の利用者教育に加え，後述する情報リテラシー教育の

1：Tiefel, Virginia G. Library user education; examining its past, projecting its future. *LIBRARY TRENDS*. 1995. vol.44, no.2, p.318-338. (http://www.access-mylibrary.com/article-1G1-17726342/library-user-education-examining.html)
2：日本図書館協会利用者教育委員会編．図書館利用教育ガイドライン合冊版　図書館における情報リテラシー支援サービスのために．日本図書館協会，2001，81p.

展開という新たな局面も現れてきた。

2．利用者教育の歴史的発展

(1) 米国における発展

a．初期微動

　図書館界における利用者教育が目的とするものは，1881年，米国図書館協会（ALA）の会議でロビンソン（Otis Hall Robinson）によって明確にされている[3]。ロビンソンは，利用者教育の目的を，学生たちが自ら本の価値判断ができるような技術と能力を磨くこと，学生たちが自立した学習者としてだけでなく，自ら学び教えるものになること，学生たちが読んで学ぶ習慣を身につけ，生涯学習者となること，としている。これらは現代の情報リテラシー教育の理念ともつながっている。

　ティーフェル（Virginia E. Tiefel）は，1820年代，ハーヴァード大学で図書館員による学術的目的で図書館を利用する方法についての講義があったこと，インディアナ大学，コロンビア大学でも同様な授業が行われたこと，1800年代後半になると，ミシガン大学，オーバリン大学のほか20を超える大学で図書館の学術的利用に関する講義やコースが開設されたことを指摘している[4]。しかし，初期の利用者教育に取り組んだこれらの先駆的な大学の多くは，1900年代初頭に取り組みを中止した。

　利用者教育が1860年代から急速に広まり，1910年代までにはしぼんでしまった歴史的背景について，ハーノン（Peter Hernon）は，19世紀末の社会変化と技術革新が教育の方法論と目標設定に影響を与え，それが利用者教育の衰退

3： 前掲注1参照。
4： Hardesty, L.; Tucker, J. M. "An uncertain crusade: The history of library use instruction in a changing educational environment". *Academic librarianship past, present, and future: A Festschrift in honor of David Kaser*. Libraries Unlimited. 1989, p.97-111.

の原因であると指摘している[5]。

b．1960〜80年代

　1950年代から1960年代にかけて，米国では大学や大学院の数も急速に増え，学問分野の専門化や学際化の進展，大学生の増加が顕著であった。さらに大学院生や教員を念頭に開発された複雑化・高度化した図書館システムに学部学生を適応させる必要性などから，1970年代には再び図書館利用者教育への関心が高まってきた。

　このことはマーシャル（A.P. Marshall）が指摘するように[6]，1971年のLOEX（Library Orientation Exchange）の設置[7]，ACRL（Association of College and Research Libraries）の文献利用指導タスクフォースの設置とガイドラインの刊行[8]（1977），Council for Library Resources（米国図書館振興財団）とNational Endowment for the Humanities（米国人文科学基金）による50を上回る大学の図書館利用者教育のプログラム開発への助成などに表れている。これらは学問分野の隆盛を背景に，膨大化する情報を前にした図書館が利用者教育の必要性を強く認識したことによるものと考えられる。

　しかし，グウィン（N. E. Gwinn）は，60年代以降の活発な動きも，利用者教育プログラムを確立しようとする段階で，教員の非協力，教員や大学首脳部の離反，教員からの協力が得られないことによる適切な計画性の欠如などに起因する困難に直面したことを指摘している[9]。この傾向は1990年代にトーマス

5：Hernon, P. Instruction to the use of academic libraries: A preliminary study of the early years as based on selective extant materials. *Journal of Library Histories*. Vol.17, no.1, 16–38.

6：Marshall, A.P. "This teaching/learning thing : librarian as educator". *Academic libraries by the year 2000*. 1977, p.50–63.

7："Clearinghouse for library instructuin; About LOEX". LOEX. http://www.emich.edu/public/loex/about.html, (参照2010–12–23).

8："Information literacy competency standard for higher education". ACRL, http://www.ala.org/ala/mgrps/divs/acrl/standards/informationliteracycompetency.cfm, (参照2010–12–23). ACRL. 高等教育のための情報リテラシー能力基準．野末俊比古訳. http://www.ala.org/ala/mgrps/divs/acrl/standards/InfoLiteracy-Japanese.pdf, (参照2010–12–23).

9：Gwinn, N. E. Academic libraries and undergraduate education: The CLR experi- ence. *College & Research Libraries*. 1980. vol.41 no.1, p.516.

（J. Thomas）が行った，ある州立大学における図書館の文献探索指導に対する教員の態度の調査結果にも見受けられる。トーマスは「一般的に，大部分の教員は，学生たちが伝統的にせよ，電子的にせよ，図書館スキルを高めることについてほとんど責任を負っていないように見える」と述べている[10]。

c．「情報リテラシー最終報告書」（1989年）

1980年代になると米国の図書館界はこれまで以上に利用者志向，学習者志向，ユーザー・フレンドリーに重きを置いた利用者教育を行い，それまでの文献探索指導を情報リテラシー教育として捉え直した。1987年，米国図書館協会（ALA）会長直轄の情報リテラシー諮問委員会が設置され，1989年には「最終報告書」(Presidential Committee on Information Literacy, Final Report) が発表された。

ここで重要なことは，情報リテラシーは大学教育の場だけではなく，学校教育においても生涯学習においても，また，市民生活においても，必要とされる能力であるとの認識である。「最終報告書」では爆発的な勢いで発展する情報社会の中で「情報リテラシーを有する人とは，情報が必要であるという状況を認識し，情報を効果的に探索し評価し活用する能力をもっている人」と定義している。そして現状を，①情報リテラシーは，情報化時代に生き残るための技能である，②大学における学習は受動的で教育方法は情報化の影響をほとんど受けていない，③学校や大学の教育はパッケージ化された教科書が使われ，能動的思考力や問題解決能力を高める要素はない，④新しい学習モデルが必要，⑤新たな情報学のカリキュラムは必要ない，などと分析している[11]。

d．「情報リテラシープログレス・レポート」（1998年）

「最終報告書」を契機として，全米各地でさまざまな取り組みが行われた。

10： Thomas, J. Faculty attitudes and habits concerning library instruction: How much has changed since 1982. *Research Strategies*. 1994, vol.12, no.4, p.209-223.
　　Hardesty, Larry. Faculty Culture and Bibliographic Instruction: AnExploratory Analysis. *LIBRARY TRENDS*. 1995, vol.44, no.2, p.339-367.
11： The American Library Association's (ALA). "Presidential Committee on Information Literacy, Final Report". ACRL (Association of College & Research Libraries). http://www.ala.org/ala/mgrps/divs/acrl/publications/whitepapers/presidential.cfm, (参照2010-12-23).

10年後の1998年に発表されたプログレス・レポート（A Progress Report on Information Literacy）には,「最終報告書」の直後にフォーラム（The National Forum on Information Literacy）が設置され,当初は小規模だった参加組織も政府機関,教育機関,企業など全米から65団体を超える（傘下のメンバーは500万人超）組織として成長し,フォーラムに参加する組織がそれぞれの分野に応じて独自に展開した情報リテラシー教育の活動成果と今後の目標が紹介されている。

また,「プログレス・レポート」では情報リテラシー教育への国を挙げての参加を呼び掛け,成功例も失敗例も共有しながら,引き続き活動を続けるよう求め,こうした努力が実を結べば,誰でもが情報活用能力に優れた生涯学習者となり,やがて情報リテラシー能力を備えた新世代の市民こそが真の意味で米国の貴重な資源になるだろうと,さらなる展開を期待している[12]。

e.「高等教育のための情報リテラシー能力基準」(2000年)

2000年にACRL（米国大学図書館協会 Association of College and Research Libraries）が発表した「高等教育のための情報リテラシー能力基準」には,情報リテラシーとは,生涯学習の基盤を形成し,すべての学問領域,学習環境,学習レベルに共通するものであるとし,評価基準として,五つの基準と22のパフォーマンス指標が設定されている。さらに,情報リテラシーを身に付けた学生は次のことができるとしている[13]。

① 必要な情報の範囲の確定

② 必要な情報への効果的かつ効率的なアクセス

12："A Progress Report on Information Literacy: An Update on the American Library Association Presidential Committee on Information Literacy: Final Report". ACRL (Association of College & Research Libraries). http://www.ala.org/ala/mgrps/divs/acrl/publications/whitepapers/progressreport.cfm,（参照2010-12-23）.

13："Information literacy competency standard for higher education". ACRL (Association of College & Research Libraries). http://www.ala.org/ala/mgrps/divs/acrl/standards/informationliteracycompetency.cfm,（参照2010-12-23）. ACRL. 高等教育のための情報リテラシー能力基準. 野末俊比古訳. http://www.ala.org/ala/mgrps/divs/acrl/standards/InfoLiteracy-Japanese.pdf,（参照2010-12-23）.

③情報と情報源の批判的評価
④選んだ情報を個人の知識基盤に組み入れ
⑤特定目的を達成するために情報を効果的利用
⑥情報利用をめぐる経済的，法的，社会的問題の理解と倫理的，合法的な情報アクセスと利用

こうした情報リテラシー能力を獲得した学生は，自律的に学修し，知識を増大させ，根拠が明確な質問を発し，批判的思考力を研ぎ澄ますために幅広い情報資源を活用するようになる[14,15]。

（2）情報環境の変化への適応

1990年代の情報通信技術の革新は情報のデジタル化を促し，インターネットの急速な普及とグローバル化が，学術分野や教育界にパラダイムシフト（ものの考え方や価値観の劇的変化）を迫ることとなった。情報通信技術と情報のデジタル化の革命的な変化は，教育界全体に，既存の方法の見直しを促した。1999年から2001年にかけて行われたProgram in Course Redesignは情報通信技術を大学教育に取り入れることで教育効果を高め，コストを削減することをテーマとした大規模プロジェクトであった[16]。ここでは，大学で学ぶ意味を問い直し，学び方と学ばせ方の再検討が行われている。

（3）「場」としての図書館

パラダイムシフトは，情報と図書館との関係の見直しにも通じている。図書館を単なる閲覧と貸出返却の場としてではなく，研究者同士の学際的コミュニケーションや協同学習を促す場として，ラトガーズ大学は1996年，学術交流セ

14：Reed, Jeffrey G. "Information Seeking-behavior in college students using a library to do research: a pilot study". Towson StateCollege, 1974.
15：Rader, Hannelore. "Background of report". *LIBRARY TRENDS*. 2002, vol.51, no.2, p.242-259.
16："The PEW grant program for course redesign :Center for academic transformation.at Rensselaer Polytechnic Institution".
http://www.thencat.org/PCR/PCRarchives/GrantGde.pdf.
S. G, Ehrmann." New Technology, Old Trap". *Educom Review*. 1995-9-.

ンター（Center for Scholarly Communication）を立ち上げた[17]。その後も全米各地の大学にインフォメーション・コモンズ（information commons）が設置された[18]。さらに，ラーニング・コモンズ（learning commons）やライティング・センター（Writing center）などを設置する大学図書館も増えている。

これらの動きを「場」としての図書館への変容と捉えることもできる。つまり，これまでの情報の容器を出し入れし，情報をやり取りする仲介者であった図書館員の活動の場であった図書館から，利用者本位の情報活動を行う「場」，情報を用いた「学習・教育基盤」という新たな機能がクローズアップされたとも言える。「学習・教育基盤」としての図書館の今後の展開については米澤のレビューが有用である[19]。

3．利用行動の変化

21世紀になるとこうした動きはさらに加速し，情報のデジタル化とオンラインアクセス環境の整備は図書館界にも大きな影響を与えた。ヒーリー（Ray-Watson Healy）は，近年の大学生の情報アクセス行動について，①図書館員に頼らず自分で探す傾向の増大，②オンライン検索依存の増大，③ Peer-to-Peer（ネットワークを介してパソコン上のデータを相互に交換利用すること）による情報共有，④情報まとめ買いから個別買いの流れの加速，⑤必要な時に，必要な場所で必要な情報を求める傾向の増大，⑥「最善の情報」から「ほどほ

17：Scholarly Communication Center. Rutgars UniversityLibrary. http://www.scc.rutgers.edu/scchome/，（参照2010-12-23）．Linda, Langschied．"ラトガーズ大学学術交流センターの理念と設立過程"．電子化される情報と図書館　日米図書館会議1996会議録．松下鈞編．紀伊国屋書店，1997，p.31-38．

18：Miller, Michael. Anticipating the Future: The University of Michigan's Media Union. Library HiTech. 1998, vol.16, no,1. p. 91. Hughes, Carol Ann. Facework: A New Role for the Next Generation of Library-Based Information Technology Centers. *Library Hi Tech*. 1998, vol.16, no.3-4, p.27. Beagle, Donald. Conceptualizing an Information Commons. *Journal of Academic Librarianship*. 1999-3, vol.25, no.2, p.82. Halbert, Martin. Lessons from the Information Commons Frontier. *Journal of Academic Librarianship*. 1999-3, vo.25, no.2, p.90.

19：米澤誠．"CA1668-研究文献レビュー：学習・教育基盤としての図書館"．Current Awareness Portal. http://current.ndl.go.jp/ca1668，（参照2010-12-23）．

どの情報」で満足する傾向，などが顕著にみられるようになったと報告している[20]。

また，研究者の情報行動アクセスも，図書館への来館からネットワークを通じたリモートアクセスに変わってきた。ワシントン大学図書館が行った調査によると1998年から2007年まで10年間の教員の利用行動の変化は次のようなものである。図書館を毎週利用する教員は，人文社会系では15％から９％，医学医療系では17％から５％，科学技術系では25％から９％にそれぞれダウンしている。学部学生の変化は23％から20％と僅かな減少に止まっている。また，情報を図書館に行ってのみ利用する教員の比率は，人文社会系と科学技術系が10％から１％，医学医療系が６％から０％，逆に図書館に行かずリモートアクセスだけで利用している教員の比率は，人文社会系が23％から47％，医学医療系が45％から87％，科学技術系が26％から72％へと上昇している。

ちなみに，図書館に行ってのみ利用する学生は35％から27％，リモートアクセスのみで利用する学生は７％から14％となっている[21]。2000年代になってからの情報利用行動は劇的な変化を遂げており，これまで考えられ実施されてきた利用者教育は抜本的に，しかも早急に，再検討と対応とを迫られているといってもよいであろう。

4．わが国における利用者教育の展開

（1）1960年代から1970年代

わが国においても，大学の新入生向け図書館オリエンテーションは，1960年代からスタートしている。橋洋平によれば，1960年代にいくつかの大学で始められたオリエンテーションは1980年と1985年にふたつの小ピークを形成し，

20：Healy, Leigh-Watson "The Evolving Content User:How Libraries will need to adapt to serve a new kind of patron.KIT-CLIR International Roundtable for Library and Information Science：KIT-LC 2004
21：Preliminary highlights presentation to UW Libraries Council on July 26, 2007. http://www.lib.washington.edu/assessment/surveys/survey2007/default.html

1990年からは急激に普及して2002年には全国の90％以上の大学図書館で実施されている。

　また，橋は医学・薬学系などの専門主題が明らかな大学図書館においては，オリエンテーションに加えて文献探索ガイダンスも含め，比較的早い時期に利用者教育が開始されたと指摘している[22]。長谷川由美子の報告もその事実を裏づけている[23]。

（2）「調べ学習」の場としての学校図書館

　1996（平成8）年の第15期中教審答申[24]は，情報教育についても触れ，①情報教育の体系的な実施，②情報通信ネットワークの活用による学校教育の質的改善，③高度情報通信社会に対応する「新しい学校」の構築，④情報化の「影」の部分の克服と調和のとれた人間の育成，情報モラルの育成を挙げている。

　1997（平成9）年11月，経済対策閣僚会議が発表した緊急経済対策[25]では教育の情報化に言及している。教育の情報化としては，文部科学省教育課程基準の改訂[26]の際に「総合的な学習の時間」を取り上げ，1999（平成11）年までに公立学校の教育用PCを整備することが新学習指導要領[27]にも明記され，2002年4月（平成14）から（高等学校では2003年4月から）から実施されるようになった。それまで読書中心の読書指導に加え「調べ学習」が加わったことで，学校図書館の役割も新たな段階を迎え，利用者教育への取り組みが必要不可欠なものと

22：橋洋平．"大学・高専図書館における情報リテラシー教育調査報告書"．2002-10-28．http://www.geocities.co.jp/CollegeLife-Club/4479/，（参照2010-12-23）．
23：長谷川由美子．国立音楽大学図書館における利用者教育．医学図書館．1979, vol.26, no.4．長谷川由美子．大学図書館の教育的機能と利用者教育．塔．1980, no.20．
24：文部科学省中央教育審議会．"21世紀を展望した我が国の教育の在り方について（第一次答申）子どもに「生きる力」と「ゆとり」を"．文部科学省．1996-7．http://www.mext.go.jp/b_menu/shingi/chuuou/toushin/960701.htm，（参照2010-12-23）．
25：「21世紀を切り開く緊急経済対策（抄）」http://www.mlit.go.jp/crd/city/mint/library/h9policy.htm，（参照2012-02-10）．
26：文部科学省教育課程審議会．"幼稚園，小学校，中学校，高等学校，盲学校，聾学校及び養護学校の教育課程の改善について（答申）"．文部科学省．1998-07-29．http://www.mext.go.jp/b_menu/shingi/12/kyouiku/toushin/980701.htm，（参照2010-12-23）．
27：文部科学省初等中等教育局教育課程課．"現行学習指導要領"．文部科学省．2003-12-26．http://www.mext.go.jp/b_menu/shuppan/sonota/990301.htm，（参照2010-12-23）．

なった。情報教育に関する文教政策の新たな展開の背景については坂元が概観している[28]。

（3）大学図書館への期待

大学図書館については，1993（平成5）年の文部省学術審議会の報告[29]，1995年の「研究情報資源の今後の在り方について」[30]，1996年の学術審議会建議[31]などを経て，2003（平成15）年の「報告書」[32]まで，情報の電子化とグローバル化への迅速な対応を繰り返し求めている。2005（平成17）年，中央教育審議会答申[33]，2008年の答申[34]などにおいては，国際競争の激化に備えて国の高等教育システムや高等教育政策の総合力が問われているという認識から，学習者の需要の多様化に応じた高等教育システムの多様化と教育・研究の質的向上を目指した大学改革が求められている。

大学教育の品質向上と情報リテラシー教育の必要性が協調され，各大学におけるファカルティ・ディベロプメント（faculty development，大学における

28： 坂元昂．情報教育に関する文教政策の展開．日本教育工学雑誌．1998, vol.22（Supple），no.1-4.
29： 学術審議会学術情報資料分科会学術情報部会．"大学図書館機能の強化・高度化の推進について（報告）"．1993-12-16．http://wwwsoc.nii.ac.jp/anul/j/documents/mext/houkoku.html，（参照2010-12-23）．
30： 科学技術・学術審議会，学術分科会，研究環境基盤部会，学術情報基盤作業部会．"研究情報資源の今後の在り方について（報告）"．http://www.mext.go.jp/b_menu/shingi/gijyutu/gijyutu4/toushin/06041015/020.pdf，（参照2010-12-23）．
31： 学術審議会．"大学図書館における電子図書館的機能の充実・強化について（建議）"．1996-07-29．http://www.soc.nii.ac.jp/anul/j/documents/mext/kengi.html，（参照2010-12-23）．
32： 文部科学省研究振興局情報課．"学術情報発信に向けた大学図書館機能の改善について（報告書）"．2003-03-17．http://www.soc.nii.ac.jp/anul/j/documents/mext/kaizen.pdf，（参照2010-12-23）．
33： 中央教育審議会．"我が国の高等教育の将来（答申）"．文部科学省．2005-01-28．http://www.mext.go.jp/b_menu/shingi/chukyo/chukyo0/toushin/05013101.htm，（参照2010-12-23）．
34： 中央教育審議会．"学士課程教育の構築に向けて（答申）"．文部科学省．2008-12-24．http://www.mext.go.jp/b_menu/shingi/chukyo/chukyo0/toushin/1217067.htm，（参照2010-12-23）．

教授法の研究開発。FDと略すことも多い）が義務化され[35]，教授方法の見直しを含む教育改革が行われている。情報リテラシー教育への関心が図書館側だけでなく，教員側からも高まってきたことは特筆すべきことである。

筑波大学「報告書；2007」によると，73％の大学で情報リテラシー教育が行われている。具体的には，図書館が何らかの形で教員の担当する正課授業に，一部かかわる「科目関連型」，全部にかかわる「科目統合型」，情報リテラシーに特化した科目にかかわる「独立型」である。他方，正課授業とは関係なく，図書館が独自に行なう「図書館オリエンテーション」，「データベース利用教育」「教育支援・レポート作成支援」がある[36]。

文部科学省から発表された「平成21年度　学術情報基盤実態調査結果報告」[37]によれば，情報リテラシー教育を実施している大学図書館は，国公私全体の94％（760大学中714大学）となっている。実施内容は，学内LANを利用する際に必要なルールや操作（556／73％），倫理・マナー（496／65％），アプリケーションやDBの利用法（470／62％），情報セキュリティ（436／57％），情報検索技術（396／52％），その他（278／37％）である。

この数字を見るかぎり，本来の意味での情報リテラシー教育よりも，コンピュータ・リテラシー教育に傾いているように思われる。わが国における情報リテラシー教育に関する研究文献レビューは野末俊比古の「利用者教育　情報リテラシーとの関係を中心に」に詳しい[38]。

35：大﨑仁．"アルカディア学報 No.335 FDを考える　義務化と今後の課題"．日本私立大学協会．2008．http://www.shidaikyo.or.jp/riihe/research/arcadia/0335.html，（参照2010-12-23）．
36：筑波大学編．"今後の大学像の在り方に関する調査研究（図書館）報告書　教育と情報の基盤としての図書館；2007"．2007-03．http://www.kc.tsukuba.ac.jp/div-comm/pdf/future-library.pdf，（参照2010-12-23）．
37：文部科学省研究振興局情報課．"報道発表　平成21年度「学術基盤実態調査」の結果報告について"．文部科学省．2010-07-09．http://www.mext.go.jp/b_menu/houdou/22/07/__icsFiles/afieldfile/2010/07/15/1295790_1.pdf，（参照2010-12-23）．
38：野末俊比古．"CA1514-研究文献レビュー　利用者教育　情報リテラシーとの関係を中心に"．Current Awareness Portal．2003-12-20．no.278，http://current.ndl.go.jp/ca1514，（参照2010-12-23）．

（4）公共図書館における利用者教育

　中央教育審議会の答申（2008年）[39]には，公共図書館に関連して，①情報通信技術の発展に対応した法令上の規定の新設，②図書館における地域や住民の課題解決を支援する機能の充実と学校図書館への支援などが，うたわれていた。このうちの一部は2008（平成20）年の図書館法一部改正によって関係規定の整備や「公共図書館の設置及び運営上の望ましい基準」の改訂[40]で対応がなされる見込みである。また，「地域の図書館サービス充実支援事業」に関する調査結果報告書[41]には参考となる事例等が紹介されている。さらに「図書館海援隊」プロジェクトが推進されている[42]。

　公共図書館における利用者教育は，学校図書館や大学図書館とは異なり，不特定多数で年齢構成も多様な利用者への対応を考えるとかなり困難な状況が予想される。野末が「館種ごとに見ると，公共図書館，専門図書館に関する文献はほどんど無い」[43]と述べていることもうなずける。しかし，観点を変えて公共図書館の活動を見ると，さまざまな試みが行われている。そのうちいくつかの事例を挙げる。

39：文部科学省中央教育審議会．"新しい時代を切り拓く生涯学習の振興方策について〜知の循環型社会の構築を目指して〜". 2008-02-19. http://www.mext.go.jp/b_menu/shingi/chukyo/chukyo0/toushin/080219-01.pdf，（参照2010-12-23）．
40：文部科学省生涯学習政策局社会教育課．"「図書館の設置及び運営上の望ましい基準」についての報告（案）". 文部科学省．2010-02-04. http://www.mext.go.jp/b_menu/shingi/chousa/shougai/019/shiryo/attach/1290139.htm，（参照2010-12-23）．
41：文部科学省生涯学習政策局社会教育課図書館振興係．"「地域の図書館サービス充実支援事業」に関する調査結果報告書". 文部科学省．2009-03. http://www.mext.go.jp/a_menu/shougai/tosho/houkoku/1282544.htm，（参照2010-12-23）．
42：文部科学省生涯学習政策局社会教育課．"「図書館・公民館海援隊」プロジェクト". 文部科学省．http://www.mext.go.jp/a_menu/shougai/kaientai/1288450.htm，（参照2010-12-23）．
43：野末俊比古．"CA1703-研究文献レビュー：情報リテラシー教育：図書館・図書館情報学を取りまく研究動向". Current Awareness Portal. 2009-12-20. no.302, http://current.ndl.go.jp/ca1703，（参照2010-12-23）．

a．図書館探検ツアー

市川市中央図書館[44]では，「図書館探検ツアー」として，館内施設の見学や館内サインのデザインなどを確認する企画を続けている。三沢市立図書館や宮崎市立図書館でも「図書館探検ツアー」と銘打った館内見学やゲーム仕立ての書庫内や書架上の資料を紹介する催しを実施している。新潟市立中央図書館や吉田町立図書館では子どもたちが与えられたテーマから連想して資料を探し，それをお互いに紹介し合い，別の子どもが書架に戻す，というイベントが行われた。

b．パスファインダー

北海道立図書館[45]をはじめとして，全国の公共図書館で特定のテーマに関する文献，情報の探し方，調べ方の案内や資料紹介を兼ねた「パスファインダー」を提供している[46]。時間と空間を特定したガイダンスの実施しにくい公共図書館では，ガイダンスに替わるものとして広がりつつある。これらの企画のいくつかは館内でのアナログな展開と同時に，ホームページにも公開されていて，オンライン・チュートリアルを兼ねようとの意図も見える。

5．さまざまな利用者教育の展開

ここでは，学校図書館，公共図書館，大学図書館におけるさまざまなタイプの利用者教育について概観する。

44："市川市立図書館　中央図書館・こどもとしょかん施設概要（図書館探検ツアー１）"．市川市立中央図書館．2010-03-30．http://www.city.ichikawa.lg.jp/library/info/1012.html，（参照2010-12-23）．"市川市立図書館　メディアパーク・アートの世界（図書館探検ツアー２）"．市川市立中央図書館．2010-04-14．http://www.city.ichikawa.lg.jp/library/guide/1010.html，（参照2010-12-23）．"市川市立中央図書館　館内サインのデザイン（図書館探検ツアー３）"．市川市立中央図書館．2010-03-29．http://www.city.ichikawa.lg.jp/library/guide/1011.html，（参照2010-12-23）．

45："北海道立図書館情報探索ガイド（パスファインダー）"．北海道立図書館．2010-03-26．http://www.library.pref.hokkaido.jp/web/reference/qulnh000000006hm.html，（参照2010-12-23）．

46："国立国会図書館リサーチ・ナビ：公共図書館パスファインダー・リンク集"．国立国会図書館．2010-04-30．http://rnavi.ndl.go.jp/research_guide/pubpath.php，（参照2010-12-23）．

（1）オリエンテーション

「図書館利用教育ガイドライン」で区分されている，①印象づけ，②サービス案内は一般的には入学時のオリエンテーションとして行われることが多い。橋は，新入生オリエンテーションは大学の新入生プログラムの一つとして実施されているケースが80％，図書館独自に企画実施しているケースが34％（100％を超えるのは大学と図書館とが両方で実施しているケースがあるから）と報告している。

オリエンテーションで使われる資料と媒体は，「図書館利用案内」が80％を占め，「自作プリントと自作テキスト」が69％，図書館ホームページが27％となっている。かつて使われたスライドはパワーポイントに替わっている。実施される会場も，図書館57％，体育館や講堂39％，教室38％となっている[47]。これにライブラリー・ツアーが組み合わされている場合もある。

この時期のオリエンテーションの典型例としては，1960年代後半から70年代にかけての国立音楽大学附属図書館の取り組みが挙げられる[48]。入学時ガイダンス期間の中に図書館オリエンテーションを組み込み，学科ごとに大教室に集めて，自主制作の8mm（後ビデオ）上映で印象付けを行った後，施設，設備，資料検索法や手続き等の詳細な口頭説明が行われていた方式を1978年に見直した結果，オリエンテーションでは図書館利用を促す動機付けと図書館利用証発行に留めることとした。

1979年からは，新入生は入学時の教務系ガイダンス週間のうち2日間の任意の空き時間に，定められた教室に集まり，利用証発行申込書を提出し，利用案内を受け取り，音楽大学での勉強と図書館とのかかわりを強調した自主制作ビデオを鑑賞する。ビデオでは音楽大学図書館の所蔵する音楽資料の多様さと膨大さ，充実した利用設備と機器，在学生や教員へのインタビューによる大学で音楽を勉強する際に図書館は欠かせないことのアピールなどにより，印象づけと動機づけが意図されている。その後，図書館に移動しビデオによる印象付けを実際にライブラリー・ツアーで体験することによって強化し，出口で図書館

47：前掲注22参照。
48：前掲注23（1980）参照。

利用証を受け取る，という方式に変更された。

近年では入学時に行なわれる教務関係の多くのガイダンスに紛れて効果的でないという理由や，人員削減により大人数を対象としたオリエンテーションに対応できないなどの理由でオリエンテーションを中止した大学も見受けられる。

（2）バーチャル・ライブラリー・ツアー

音声，静止画や動画によるバーチャル・ライブラリー・ツァー（インターネット上などに置かれた，図書館を案内・説明する動画）を導入している図書館もある。千葉大学附属図書館亥鼻分館では，美術館や博物館のようにPodcastによる館内ツアーを行っている。受付カウンターでiPodを借り出し，ユーザーガイドを貰い，ヘッドフォンをつけて館内各所のリスニングポイントのポスターの前に立つと，その施設やサービスに関係する案内が聴けるというものである。インターネットでのバーチャル・ツアーを利用することもできる[49]。

ハーパーカレッジ図書館では，YouTubeにサイトを設け，図書館ツアーや利用者が図書館の印象を語るインタビューなどの動画をアップしている[50]。その他にも多くの図書館でバーチャル・ライブラリー・ツアーの実施例がある[51]。

（3）情報探索法指導（文献探索）

「図書館利用教育ガイドライン」の③情報探索法指導は，あるテーマに関する文献探索法，あるいは特定のデータベース・ガイダンスとしても行われてい

49："千葉大学附属図書館亥鼻分館"．ポッドキャスト@千葉大図書館．2011-02-28．http://libcast-chibau.seesaa.net/category/6346111-1.html，（参照 2010-12-23）．
50："Harper College Library"．You Tube．2007-12-13．http://www.youtube.com/watch?v=JHljR4LYmOA，（参照 2010-12-23）．"Harper college Library"．You Tube．2011-02-07．http://www.youtube.com/user/HarperCollegeLibrary，（参照 2010-12-23）．
51："University of Glasgaw, Law Library"．University of Glasgow．http://www.gla.ac.uk/services/library/howtofindinformation/whatsyoursubject/law/lawvideos/，（参照 2010-12-23）．"Williams College Library"．You Tube．2006-08-02．http://www.youtube.com/watch?v=i-t0LHnw-fc&feature=related，（参照 2010-12-23）．"Salt Lake County Library"．You Tube．2007-06-25．http://www.youtube.com/watch?v=3PWq_6s-IJY&feature=related，（参照 2010-12-23）．

5. さまざまな利用者教育の展開 | *167*

る。これも医薬系，音楽系の大学図書館がその主題分野の資料や参考文献やデータベースの使い方の紹介を兼ねたガイダンスとして70年代から取り組んできたものである。

　カード目録がOPACに替わり，情報の膨大化とともにデータベースの構築とオンライン検索が普及してきたことにより，図書館の情報探索法指導は，OPAC検索ガイダンスとデータベース検索ガイダンスが主流となっている。

　OPAC検索ガイダンスは導入期の利用者教育として重要である。OPACガイダンスは，利用者自身が実際に端末操作をしながら行うのが効果的であるが，用意されたガイダンス会場の広さやOPAC検索端末数などに制約があり，大人数の利用者を対象とする場合には困難が伴うだけでなく，効果も薄い。そのため，オンライン・セルフ・チュートリアルを用意する図書館もある。

　前述のハーパーカレッジ図書館や北カロライナ大学シャーロット校図書館でもOPAC検索の動画が提供されている[52]。しかし，すべての情報がインターネットで検索できる訳ではなく，分野によっては紙媒体の参考図書の利用指導に主体を置くガイダンスも行われている。

(4) データベース・ガイダンス

　大学図書館で行われているデータベース・ガイダンスは，日経テレコン21，EOL，法情報データベース，LEX/DBなど有料データベースの使い方について，プロバイダーの担当者が来館して行うことが目立っている[53]。

　近年，たとえば，東京大学情報基盤センターの，とある月に行われた13の「情報検索ガイダンス」のうち，SciVerse ScienceDirect（エルゼビア），Web

---

52："Harper College Library". You Tube. 2009-01-28. http://www.youtube.com/user/HarperCollegeLibrary#p/a/u/2/FAZdUM0HPok，（参照 2010-12-23）．"University of North Carolina Char l otte". You Tube. 2008-05-07. http://www.youtube.com/watch?v=6WHRA0Ne3I0&feature=related，（参照 2010-12-23）．
53：情報基盤センター学術情報リテラシー係．"東京大学情報基盤センター"．GACoS (Gateway to Academic Contents System)．http://www.dl.itc.u-tokyo.ac.jp/gacos/training.html，（参照 2010-12-23）．"獨協大学図書館"．獨協大学．2011-08-04．http://211.125.117.60/news2010/0507_03.html，（参照 2010-12-23）．"千葉商科大学図書館"．千葉商科大学．http://www.cuc.ac.jp/current/updatearea/all/2008/11/post-69.html，（参照 2010-12-23）．

of Science（トムソン・ロイター），EBSCOhost（エブスコ），EndNote web（トムソン・ロイター），My EBSCOhost（エブスコ）の五つのガイダンスは，それぞれ提供元の担当者によるものであった[54]。獨協大学図書館で行なわれた八つの「データベース・ガイダンス」（日経テレコン21，eol，LexisNexis Academic，リーガルベース）も同様であった[55]。

OPACやCiNii，新聞記事データベース，医中誌 Web，PubMed等のデータベース・ガイダンスを，図書館員自身が担当して実施することも頻繁に行われている。しかし，情報が膨大化し，データベース検索システムが高度化するに従い，多くの図書館でスタッフがその進化に追い付いていけない状況も明らかになってきた。図書館ホームページにリンクが張られている高額なデータベース（たとえば，AFP-WAA）も，図書館員が使いこなせないという理由で，利用促進がされていない事実もあるのは残念なことである。

（5）パスファインダー

パスファインダーは，一定の時間と空間を定めて行われている各種のガイダンスに対して，いつでもどこからでも利用できるガイダンスの一種として，注目されている。パスファインダーについては，2005年9月22日に開催された文部科学省研究環境基盤部会の議事録に大学における情報リテラシー教育にパスファインダーが有効であるとの論議が行われた記録が残されている[56]。

パスファインダーとはあるトピックの情報を尋ね当てる「道しるべ」という意味であるが，その内容は一定ではない。たとえば，千葉大学附属図書館の「授業資料ナビゲーター」（PathFinder）[57]は，教員と図書館員が協力して作成しており，ある授業科目の必須探索トゥールと推薦資料リストから成っている。

54：前掲注53参照。
55：獨協大学図書館．http://www.dokkyo.ac.jp/library/．
56：文部科学省研究振興局情報課学術基盤整備室．"研究環境基盤部会学術情報基盤作業部会大学図書館等ワーキンググループ（第8回）議事録"．文部科学省．http://www.mext.go.jp/b_menu/shingi/gijyutu/gijyutu4/002-1/gijiroku/05121601.htm#top．（参照2010-12-23）．
57："授業資料ナビゲータ（PathFinder）一覧"．千葉大学附属図書館．http://www.ll.chiba-u.ac.jp/pathfinder/pflist_core.html，（参照2010-12-23）．

東京学芸大学附属図書館の E-topia（パスファインダー）[58]は，小・中・高等学校の教員，教員を目指す学生，教育研究者など，教育に関わる人々に役立つ Web 情報のほか，テーマに関連する図書等を紹介している。名古屋大学附属図書館の「情報への道しるべ」[59]はパスファインダー本来の「道しるべ」の機能を満たしていると思われる。

パスファインダーの作成については，北海道石狩管内高等学校図書館司書業務担当者研究会の取り組み[60]があるほか，大学では愛知淑徳大学図書館[61]，私立大学図書館協会東地区研究部[62]が熱心に取り組んでいる。また，国立国会図書館のリサーチ・ナビ[63]，レファレンス協同データベース[64]もパスファインダーの機能を併せ持つものである。

（6）情報表現法指導

「図書館利用教育ガイドライン合冊版」の領域5「情報表現法指導」には，情報倫理，レポート作成法，印刷資料作成法やプレゼンテーション技法などが含まれている。情報リテラシーにおける発信力は，大学においてはレポートや論文を書くためやプレゼンテーションを行うための技術となる。

58：“E*topia”．東京学芸大学附属図書館．2011-03-02．https://library.u-gakugei.ac.jp/etopia/index_p.html，（参照2010-12-23）．
59：“パスファインダー”．名古屋大学附属図書館．2010-06-08．http://www.nul.nagoya-u.ac.jp/guide/literacy/index.html，（参照 2010-12-23）．
60：石狩管内高等学校図書館司書業務担当者研究会．パスファインダーを作ろう　情報を探す道しるべ．全国学校図書館協議会，2005，55p，学校図書館入門シリーズ，12．
61：鹿島みづき，山口純代，小嶋智美．パスファインダー・LCSH・メタデータの理解と実践：図書館員のための主題検索ツール作成ガイド．愛知淑徳大学図書館インターネット情報資源担当者編，愛知淑徳大学図書館，2005，175p．"パスファインダー"．愛知淑徳大学図書館．2011-06．http://www2.aasa.ac.jp/org/lib/j/netresource_j/pf_j.html，（参照2010-12-23）．
62：私立大学図書館協会東地区研究部企画広報分科会．"パスファインダーバンク"．2008-02-15．http://www.jaspul.org/e-kenkyu/kikaku/pfb/pfb_frameset.htm，（参照2010-12-23）．
63：“国立国会図書館リサーチ・ナビ”．国立国会図書館．http://rnavi.ndl.go.jp/rnavi/，（参照2010-12-23）．
64：“国立国会図書館レファレンス協同データベース”．国立国会図書館．http://crd.ndl.go.jp/jp/public/，（参照2010-12-23）．

図書館においては，参照文献の書き方や，論文を書く際の参考文献の紹介などのガイダンスは多いが，論文の書き方に関するガイダンスの実施例はそれほど多くはない。横浜国立大学の「論文作成ガイダンス」[65]，鹿児島大学図書館の「図書館ガイダンス　レポート作成コース」[66]などが散見される程度である。図書館員の側に，教育の領域に入る「レポートや論文の作成」に踏み込みにくい遠慮があったり，一方の教員側にも，図書館員が主題にまで踏み込んでレポート作成を指導することに対する拒否反応があったりするのかもしれない。

　前述したトーマスの調査結果とも似た状況が伺える。千葉大学附属図書館の「レポート作成パワーアップセミナー」[67]は教員がレクチャーをし，図書館員がデータベースの紹介をする形式で行われている。学位を持つ図書館員が増え，学内における図書館員のアカデミック・ステイタスへの認知が高まり，情報リテラシー教育やアカデミック・スキルズの専門家として認められるまでは，千葉大学のような教員とのタイアップが，大学という組織の風土を考えると，無難な実施方法かもしれない。

（7）セルフ・チュートリアル

　インターネットによる情報通信技術は，学習スタイルの多様化を促進している。各自の学習時間や進度，学習能力に合わせたセルフ・チュートリアルが大学教育にも取り入れられている。Vocational Information Center では，多くのテーマでセルフ・チュートリアル（自学自習用のソフトウェア）を提供している[68]。この技術は図書館のチュートリアルにも取り入れられ，オーストラリアのグリフィス大学の Library research tutorial でも導入されている[69]。

65：横浜国立大学中央図書館レファレンス・デスク．"論文作成ガイダンス"．横浜国立大学附属図書館．http://www.lib.ynu.ac.jp/event/pdf/a.pdf，（参照2010-12-23）．

66：鹿児島大学附属図書館．"図書館ガイダンス・レポート作成コース"．第1版，http://kusv02.lib.kagoshima-u.ac.jp/image/manu6.pdf，（参照2010-12-23）．

67：図書館主権ガイダンス．(5)レポート作成セミナーhttp://www.ll.chiba-u.ac.jp/~guidance/results 2009-2. html，（参照2012-02-10）．

68："Search Engines and Search Tutorials"．Vocational Information Center．http://www.khake.com/page8.html，（参照2010-12-23）．

69："Library research tutorial"．The Library Research Tutorial introduces new students to academic research at Griffith University. http://www.griffith.edu.

慶應義塾大学のKITIE（Keio Interactive Tutorial on Information Education）は大学1，2年を対象とした「情報リテラシー」習得のためのウェブ・チュートリアル・システムとして定着し，一般利用にも供されている[70]。前述した千葉大学附属図書館亥鼻分館のiPodを使った館内ツアーもユニークな試みである。また，前述のハーパーカレッジ図書館のOPAC検索のビデオもセルフ・チュートリアルを目的としたものである[71]。

図書館の人員削減や人事異動によるベテラン職員の不在を補い，かつガイダンスの内容等の水準を一定以上に保つための工夫として，CD-ROMやオンラインによるガイダンスの自動化を試行している大学図書館もある。パワーポイントのスライド上映と音声合成ソフトを組み合わせたさまざまなガイダンスのセルフ・チュートリアルへの展開も可能な事例として注目したい。

6．今後の課題と展望

情報のデジタル化が進行し，だれでもが，いつでも，どこからでもインターネットを経由して多くの情報にアクセスできる社会においては，情報リテラシー能力は不可欠のものとなる。

1998（平成10）年，生涯学習審議会社会教育分科審議会の「図書館の情報化の必要性とその推進方策について−地域の情報化推進拠点として−（報告）」，2001（平成13）年に制定された「高度情報通信ネットワーク社会形成基本法」[72]及び「高度情報通信ネットワーク社会の形成に関する重点計画」[73]でも高度情報通信ネットワークの一層の拡充等の一体的な推進と教育及び学習の振興と人

---

　　au/library/workshops-training/self-help-resources/library-research-tutorial，（参照2010-12-23）．
70："KITIE"．慶應義塾大学日吉メディアセンター．2011-03-31．http://project.lib.keio.ac.jp/kitie/，（参照2010-12-23）．
71："Harper College Library"．YouTube．2009-01-28．http://www.youtube.com/user/HarperCollegeLibrary#p/a/u/2/FAZdUM0HPok，（参照2010-12-23）．
72："高度情報ネットワーク社会形成基本法"．首相官邸．http://www.kantei.go.jp/jp/it/kihonhou/honbun.html，（参照2010-12-23）．
73："E-Japan重点計画　高度情報ネットワーク社会の形成に関する重点計画"．首相官邸．http://www.kantei.go.jp/jp/it/network/dai3/3siryou40.html，（参照2010-12-23）．

材育成がうたわれている。

　特に学校教育における情報環境の整備と情報リテラシー教育の充実が重点項目とされている。e-Japan の重点計画では，IT 学習機会の提供として「全国の図書館，公民館等約7,000箇所にパソコンを整備するとともに，インターネット接続に必要な機器の整備を行う」[74]と明記されている。しかし，公共図書館や社会教育施設で市民が自由に利用できるインターネット端末の公開はなかなか進んでいないのが現状である。

　大学においては，これまで述べてきたように，図書館の利用者教育は「今後の高等教育改革」の流れの中で，学士課程教育の質的向上，FD 義務化とも絡んで展開すると思われる。すでに山形大学，東北大学，名古屋大学，京都大学，同志社大学などは大学教育改革を目指した FD 活動と図書館活動との連携，教員と図書館員との協力が模索されている。

　図書館員が図書館の中だけに引きこもらず，大学教育改革という視点から問題を探り，問題を直視し，改革を実現することが求められる時代になった。図書館は単に資料と人とを結ぶ役割にとどまらず，図書館の資料・情報の持つ機能とそれを促進する活動とを教育活動の中で展開していく方向性の中で，利用者教育の可能性を拓いていくことが必要である。

　本章では大学図書館における利用者教育を強調したが，学校図書館においても，公共図書館においても情報社会に適用するための「情報リテラシー教育」は重要であり，それは生涯学習の実現に直接つながるなどということを自覚する必要がある。

74："E-Japan 重点計画　高度情報ネットワーク社会の形成に関する重点計画　3．教育及び学習の振興並びに人材の育成". 首相官邸. http://www.kantei.go.jp/jp/it/network/dai3/3siryou43.html, (参照2010-12-23).

8章 各種情報源の特徴と利用法

1. 情報サービスにおける情報源の多様化

　図書館などの情報サービス機関が情報サービスを展開するためには，さまざまな情報源が必要である。レファレンス情報源（reference source）とは，情報サービスにおける質問の回答に利用される情報源のことであり，図書館内外の記録情報源と非記録情報源が含まれている（8-1図参照）。一方，レファレンス資料（reference material）は，情報サービスを行う際に必要となる資料を意味している。

　レファレンス資料とは，「特定の情報を求めるときに，その一部を参照（reference）のために利用するが，表紙から奥付まで全体を通して読む種類のメディアではなく，調査のための利用を想定して編纂された図書およびデータベースなどを指す」[1]と定義できる。

　レファレンス資料には，多様な記録資料が含まれているが，近現代の図書館では，長年，情報探索の手段（情報源）として冊子体（図書形態）のレファレンスブックが利用され，重要な位置を占めていた。しかし，1940年代に誕生したコンピュータによる情報処理技術の進歩の結果，情報探索の手段（情報源）として，コンピュータを活用することが重要になってきた。1950年代には，コンピュータが二次資料の編集・印刷に利用されるようになり，編集・印刷の副産物としてデータベースが誕生した。その後，データベースに蓄積された情報は検索できるようになり，商用のオンラインデータベースへと発展していった。1980年代には，データベースをパッケージ化したパッケージ型電子メディアと

1：図書館情報学ハンドブック編集委員会編．図書館情報学ハンドブック．第2版，丸善，1999，p.256．

	館外情報源	館内情報源
記録情報源	他の図書館所蔵資料 類縁機関・施設の所蔵資料 企業・団体等の所蔵資料 個人収集家の所有資料 情報検索サービス機関のデータベース その他の館外記録情報源	レファレンスコレクション 一般図書コレクション 逐次刊行物コレクション インフォメーションファイル その他の館内記録情報源
非記録情報源	他の図書館の職員 類縁機関・施設の職員 各種機関の相談員・案内係 主題専門家・調査員 情報サービス機関の専門家 その他の館外非記録情報源	レファレンス係員 直接サービス担当職員 間接サービス担当職員 図書館長その他の管理職員 その他の図書館職員 その他の館内非記録情報源

8-1図　図書館内外の情報源
(長澤雅男『レファレンスサービス：図書館における情報サービス』丸善，1995，p.106.)

してのCD-ROMが誕生し，1990年代後半にはDVD-ROMも開発された[2]。さらに，1990年代には，インターネットの普及に伴い，従来の商用オンラインデータベースをインターネット経由で利用することも可能になった。2000年代には，従来，冊子体（図書形態）で出版されていた著作物を電子メディアによって出版する，電子書籍が普及しはじめるようになった。このような状況を受けて，長年，冊子体のレファレンスブックとして提供されていた各種の情報がデータベースなどに蓄積されるようになり，オンラインデータベース，DVD-ROM，電子書籍などの形態で利用できるようになった。

現在，図書館の情報サービスで利用できるレファレンス資料は，冊子体のレ

2：情報科学技術協会編．情報検索の基礎．第2版，日外アソシエーツ，1997，p.4, 28.

ファレンスブックだけでなく，オンラインデータベース，パッケージ型電子メディア，インターネット上の情報へと急速に拡大している。現代の図書館では，各種のレファレンス資料（冊子体，オンラインデータベース，パッケージ型電子メディア，インターネット上の情報など）を活用しながら，多様な情報サービスを展開することが求められている。

2．情報サービスにおける各種情報源の特徴

現代の情報サービスでは，さまざまなレファレンス資料を利用することができるが，レファレンス資料の基本的な性格を把握するには，冊子体のレファレンスブックの特徴を理解することが重要である。そこで，本節では，最初にレファレンスブックの特徴を説明し，次に冊子体以外のメディアで提供されるレファレンス資料の特徴を解説する。

（1）レファレンスブック

レファレンスブック（reference book）は，「情報を縮約ないし編成して項目にまとめ，それらを一定の方式にしたがって配列し，収録されている情報が容易に検索できるように編集されている冊子体の資料」[3]であり，参考図書と呼ばれることもある。レファレンスブックの要件は，次の3点である[4]。

①二次的な情報を収録している（内容面）。
②情報を編集意図にそって分割し，同一形式で表現し，項目見出しを立て，一定の方針で配列している（形式面）。
③冊子形態の資料であり，参照が容易である（形態面）。

②の項目見出しは，レファレンスブックに収録された情報にアクセスする手がかりであり，項目見出しの配列方式には，五十音順，ABC順，年代順，地域順，体系順などがある。レファレンスブックは，③のように冊子形態で提供されてきたが，情報処理技術の進展に伴って，他の形態で提供されるレファレンス資料が増加している。

3：長澤雅男．情報と文献の検索．第3版，丸善，1994，p.6．
4：前掲注3。

レファレンスブックは，その内容から，事実解説的なレファレンスブックと案内指示的なレファレンスブックに大別できる[5]。

事実解説的なレファレンスブックとは，主としてレファレンスブックそれ自体から必要な情報を直接得ることができるものであり，さまざまな事実を調査し解説を求めるのに都合がよいように編集されている。事実解説的なレファレンスブックの例としては，辞書（dictionary），百科事典（encyclopedia），専門事典（special dictionary），便覧（handbook），図鑑（pictorial book），年表（chronological table），年鑑（yearbook），地図帳（atlas）などが挙げられる。

事実解説的なレファレンスブックは，小・中・高等学校の教育課程の中でも学習の一環として利用されることがあるので，何種類かのレファレンスブックについては，小・中・高等学校の段階で触れる機会があるであろう。しかし，図書館などの情報サービス機関で利用される事実解説的なレファレンスブックには，多巻ものの大部なものまで，多種多様なものが存在する。

一方，案内指示的なレファレンスブックは，他の情報源への手がかりを提供するものであり，レファレンスブック自体は書誌データ（たとえば，図書の著者，書名，版表示，出版地，出版者，出版年，総ページ数）などの情報を示し，必要な情報へのガイドを提示するものである。したがって，案内指示的なレファレンスブックは，事実解説的なレファレンスブックと異なり，探している情報の回答そのものを提供するわけではない。案内指示的なレファレンスブックの例としては，書誌，目録，索引などが挙げられる。書誌，目録，索引の定義は，以下のとおりである[6]。

- 書誌（bibliography）：独立の書誌的単位をなす文献資料（たとえば，図書，雑誌，パンフレット，フィルム，磁気資料など）について，その書誌データを項目としてまとめた二次資料（文献リスト）。冊子形態の書誌の場合は，それらを一定の排列方式にしたがって収録編成している。
- 目録（catalog）：図書館あるいは特定のコレクション中の独立の書誌的単位をなす特定の資料（たとえば，図書や雑誌）に基づく書誌データを項目にまとめ，それに所在指示（例：請求記号や所蔵館名）の機能を付与した

5：前掲注3，p.18.
6：前掲注3，p.19.

二次資料。
○索引（index）：特定の文献資料（群）に含まれている各種の情報（たとえば，図書の中の特定の章，雑誌の中の1論文）が探知できるように，それを項目として抽出し，所在指示（例：参照箇所や収載箇所）の機能を付与した二次資料。

　一般に，案内指示的なレファレンスブックは，事実解説的なレファレンスブックと比較すると，あまり身近な存在ではない。事実解説的なレファレンスブックと案内指示的なレファレンスブックを効率的に活用するには，個々のレファレンスブックの構成（凡例，目次，分類，索引）や内容を熟知している必要がある。各種のレファレンスブックの詳細については，本シリーズの第7巻『情報サービス演習』で解説する。

　なお，レファレンスブックを用いた情報探索は，マニュアル検索（manual search）ととらえることができる。マニュアル検索とは，目的の情報や文献を探し出すために，冊子体の目録や索引などを利用して，人間が手作業（manual）で（手と目を使って）検索することである。

（2）データベース

　データベース（database）とは，「様々な情報をコンピュータの中に蓄積し，必要に応じて引き出せるように整理・分類されたもの」[7]である。データベースは，ネットワーク環境下あるいはスタンドアロンで，情報検索の際に活用される。オンラインデータベースは，ネットワーク環境下での利用形態であり，CD-ROMやDVD-ROMのようなパッケージ型電子メディアは，スタンドアロンでの利用である。1960年代以降，冊子体のレファレンスブックで長年提供されてきた各種の情報がデータベースに蓄積されるようになり，オンラインデータベースやパッケージ型電子メディアとして利用できるようになってきた。

　コンピュータを用いた情報探索は，コンピュータ検索（computer search）と呼ぶことができる。コンピュータ検索とは，磁気テープ，磁気ディスク，CD-ROM，DVD-ROMなどのコンピュータ記憶媒体に蓄積された情報の中か

7：データベース活用マニュアル：情報検索，パソコン通信，インターネット…ビギナーからサーチャーまで．情報図書館RUKIT，1996，p.3．

ら，コンピュータを利用して必要な情報を検索することである。コンピュータ検索は，オンライン検索とオンディスク検索に区分できる。前者はオンラインデータベースを使う場合であり，後者は CD-ROM や DVD-ROM をスタンドアロンで用いる場合である。

　マニュアル検索と比較することによって，コンピュータ検索（特に，オンライン検索の場合）の長所と短所は，情報源の特性からみると，次のようにまとめることができる。

【コンピュータ検索（オンライン検索）の長所】

①冊子体は，刊行後，掲載情報を最新情報に更新することが難しく，収録内容が古くなり，タイムラグが生じる。一方，オンラインデータベースでは，収録内容を随時更新することが可能であるので，情報の速報性が高い。

②冊子体は，人間が手作業で検索を行うため，調査の対象や範囲が広がるにしたがって，検索に膨大な時間がかかるようになる。一方，オンラインデータベースでは，コンピュータを用いて検索するので，調査の対象や範囲が広い場合でも，検索時間が短くてすむ。

③冊子体では，特定の主題に関する情報を現在から過去へ一定期間遡（さかのぼ）って調べる遡及（そきゅう）検索（retrospective search）の際に，多数の冊子体を検索する必要がある。一方，オンラインデータベースでは，調査の対象期間が長い場合でも，効率的に遡及検索ができる。

④冊子体では，出版の際に，アクセスポイントである検索語（項目見出し）の排列方式が決定され（事前結合索引法（pre-coordinate indexing）），複数のアクセスポイントを組み合わせた検索をすることが困難である。一方，オンラインデータベースでは，アクセスポイントの種類が多く，複数のアクセスポイントを組み合わせること（事後結合索引法（post-coordinate indexing））が可能であり，多様な検索機能が用意されている。

⑤冊子体では，検索結果を利用する際は，印刷されている内容を転記したり，コピーするしかない。一方，オンラインデータベースでは，検索結果はデジタル情報で表現されているので，パソコンのワープロ機能や表計算機能に検索結果をダウンロードすることも可能であり，検索結果の加工がしやすい。

⑥冊子体（特に案内指示的なレファレンスブック）の場合は，書誌データを示すことによって，必要な情報へのガイドを提示している。一方，オンラインデータベースの場合には，書誌データだけでなく原情報まで提供できるものもある。したがって，データベースの種類によっては，原情報が入手しやすい。

⑦冊子体の場合は，多巻物の大部なものや定期的に刊行されるものが多いために，一定規模の保管スペースを継続的に確保する必要がある。一方，オンラインデータベースの場合には，コンピュータの記憶媒体上に情報が蓄積されているので，冊子体よりもスペースが節約できる。

【コンピュータ検索（オンライン検索）の短所】

①冊子体は，通覧性があるので，中身を拾い読みしたりするブラウジングによって，偶然に情報を発見する可能性がある。一方，オンラインデータベースの場合は，入力した検索語に対応した結果のみが表示されるので，ブラウジングによる検索が弱い。

②冊子体は，さまざまな主題の資料が存在しており，その収録期間もかなり古い時代まで遡ることが可能である。一方，オンラインデータベースの場合は，情報の遡及入力が進められているが，冊子体に比べると，情報の遡及期間が短い。人文科学や社会科学の領域では，自然科学の領域に比べて，古い時期の情報に関しても情報要求の頻度が高いが，データベースへの情報の蓄積は十分とはいえない状況である。

③冊子体の場合は，冊子体を開く場所と読むことができる明るさがあれば，冊子体のページをめくることによって，人間が手作業で検索することができる。一方，オンラインデータベースの場合は，情報検索の技術を駆使するためには，ある程度の熟練が必要とされる。

④冊子体の場合は，購入後，冊子体を利用するための特別な設備は必要としない。一方，オンラインデータベースの場合は，コンピュータをはじめとして，情報検索をするための設備を維持・管理・更新する必要がある。

⑤冊子体の場合は，冊子体の購入経費は必要であるが，冊子体を利用する際にお金がかかることはない。一方，オンラインデータベースの場合は，定期的に一定のデータベース利用料金を支払ったり（固定料金制），デー

ベースを利用するたびに利用料金を支払う（従量料金制）必要があるものがある。

ここまで，コンピュータ検索（オンライン検索）の長所・短所を考察してきたが，マニュアル検索では，コンピュータ検索の短所（5点）が長所となり，コンピュータ検索の長所（7点）が短所となる。コンピュータ検索にも短所はあるが，コンピュータ検索は，マニュアル検索よりも多様な検索が可能である。したがって，今後のレファレンス資料は，冊子体のレファレンスブックよりもデータベースの形態で提供されるものが増加していくと考えられる。

しかし，①データベースが存在しない主題や領域のレファレンスブックが多数あること，②データベースの収録期間が，比較的最近のデータに限られていること，③冊子体のレファレンスブックの情報とデータベースに収録された情報が完全に一致しているわけではないこと[8]などを考えると，レファレンスブックとデータベースを併用し，状況に応じて使い分けることが必要である。

CD-ROMやDVD-ROMのようなパッケージ型電子メディアは，通常，オンディスク検索で利用される。CD-ROMやDVD-ROMの長所・短所は，コンピュータ検索の長所・短所とおおむね一致する。ただし，CD-ROMやDVD-ROMの場合は，冊子体と同様に，収録内容を最新情報に更新する際にタイムラグが生じるので，情報の速報性は高くないという短所がある。一方，CD-ROMやDVD-ROMは，固定料金制でデータベースを契約したり，冊子体のように一度に購入することができるので，個々の利用の際に利用料金を課さなくてよいという長所がある。CD-ROMは，当初はスタンドアロンでの利用を想定して誕生した。しかし，多数のCD-ROMを多数の利用者が同時に利用できるようにするために，CD-ROMサーバによる検索システムが開発されるようになった[9]。

このようなCD-ROM検索システムは，「LAN（組織内のネットワーク）にCD-ROMサーバを接続し，利用者はLANに接続された多数のクライアントパソコンからCD-ROMサーバ上のCD-ROMを利用する」[10]というものである。

8：前掲注3，p.8.
9：大原寿人．CD-ROMネットワークの導入．大学図書館研究，1991, no.38, p.41.
10：緑川信之編著．情報検索演習．東京書籍，1998, p.42, （新現代図書館学講座, 7）．

現在では，DVD-ROM を搭載できる CD-ROM サーバも開発されている（たとえば，(株)日鉄エレックスの NSCDNet Intranet など）。CD-ROM サーバを利用した CD-ROM 検索システムは，スタンドアロンの利用形態よりも便利である。しかし，この場合の CD-ROM の利用料金は，スタンドアロンの利用料金と異なり，パソコンの接続台数に応じたネットワーク利用料金になることに注意する必要がある。なお，パッケージ型電子メディアの発展は目覚ましいものがあり，CD-ROM は DVD-ROM へと取って代わられようとしている。今後は，冊子体（図書形態）で出版されていた著作物を電子メディアによって出版する，電子書籍（electronic book）の普及動向にも注目する必要がある。

各種のオンラインデータベースやパッケージ型電子メディア（CD-ROM，DVD-ROM）の利用方法の詳細については，本シリーズの第7巻『情報サービス演習』で解説している。

（3）インターネット上の情報

インターネット（Internet）とは，TCP／IP（Transmission Control Protocol／Internet Protocol）という通信プロトコルを採用したコンピュータネットワークであり，世界各地のコンピュータネットワークを相互に接続したコンピュータネットワークの総称である[11]。

1990年代以降，インターネットを利用することによって，一般の人々が，①意見・情報の交換，②共有化情報・データ・ソフトウェアの利用（情報の利用），③共有化情報・データ・ソフトウェアの提供（情報の発信），④共同作業，などを手軽に行えるようになった[12]。特に，Web（World Wide Web）の発達は，インターネットによる情報の発信や利用を促進した。Web は，HTML（HyperText Markup Language）と呼ばれるハイパーテキスト形式に構造化して，世界中のデータを関連するものどうし蜘蛛の巣（web）のように結びつけて，閲覧・検索できる仕組みである[13]。Web ページを閲覧（ブラウズ）するためには，

11：前掲注2，p.91, 108, 139.
12：情報科学技術協会編. 情報検索のためのインターネット活用術. 日外アソシエーツ, 1996, p.8-9.
13：情報管理編集部編著. 完全インターネットガイド. 情報管理, 1996, p.232.

Webブラウザ（例：Internet Explorer, Mozilla Firefox, Google Chrome）と呼ばれるソフトウェアが必要である。

現在，インターネット上には，さまざまな情報が流通している。商用のオンラインデータベースは，当初は電話回線等のネットワークを通じて利用されていた。しかし，今日では，インターネット経由でWebブラウザを用いて検索するものが主流になりつつある。伝統のある商用のオンラインデータベースは，情報の収集・組織化・蓄積が厳密に行われているので，提供方法がインターネット経由に変わっても，前項「（2）データベース」で論じたコンピュータ検索（オンライン検索の場合）の長所と短所を適用することができる。しかし，インターネット上の多くの情報は，従来の伝統的な商用データベースのように，情報の収集・組織化・蓄積が厳密に行われているわけではないことに十分に注意する必要がある。

1990年中頃には，インターネット上の無料で利用できる情報は，次のようなものであった[14]。

①研究者間で共有化してきた情報を一般公開したもの（例：大学や研究機関のWebページ上の情報やデータベース）
②企業の宣伝，広報活動
③政府関連の公開情報
④有料で提供している情報の一部を無料で提供（例：有料データベースの試験的な（サンプル）利用）
⑤有料で提供する情報を特定するための無料サービス（例：オンライン書店の各種の検索システム）
⑥個人が趣味あるいは何らかの目的で提供する情報
⑦①から⑥の要素が複合しているもの

2000年代以降，インターネット上の情報は，有用・無料を問わず急速に増加し，図書館などの情報サービス機関が提供・発信する情報についても，その種類や提供期間が拡大してきている。

インターネット上の各種の情報を探索するには，検索エンジン（「サーチエ

14：前掲注12，p.12-15．

ンジン」ともいわれる，search engine）が使われる。検索エンジンとは，「インターネット上の膨大なウェブページから，利用者が必要とするページを検索するシステムあるいはサービス」[15]のことであり，GoogleやYahoo!などが有名である。インターネット上の商用のオンラインデータベースや検索エンジンの利用方法の詳細については，本シリーズの第7巻『情報サービス演習』で解説している。

　インターネット上の情報は，膨大な量で日々ふえ続けており，その形態もさまざまである。インターネット上には，図書館などの情報サービスに利用できる有益な情報が無料でかなり提供されている。しかし，有益な情報については，従来の商用データベースよりも安価な価格設定であるが，有料で提供されることが増えてきている。有益な情報が無料で提供されている場合は，それらの情報がなぜ無料で提供されているのか，情報の提供者側の考えや思惑を把握しておく必要がある。インターネット上の情報の信頼性は，情報を得た側が判断しなければならないのである。図書館のような情報サービス機関が，インターネット上の有益な情報を選択し，Webページ上にリンク集を作成することは重要な仕事であるが，適切な情報を選択するには，情報を評価することが必要である。

　インターネット上の情報の評価基準項目として，坂井千晶は，以下の27項目を列挙している[16]。

A．情報発信者・作者
　①情報発信者名の有無，②情報発信者の所属団体，③情報発信者の学歴・経歴・業績，④情報発信者の連絡先，⑤情報発信者の認知度・評判

B．情報の内容
　⑥主題，⑦情報の発信目的，⑧トピックの範囲，⑨時間の範囲，⑩ウェブ・サイトの作成日・更新日，⑪利用対象者・レベル，⑫構成，⑬情報の種類，⑭正確性，⑮情報の出典，⑯偏見，⑰バランスの取れた視点，⑱首

15：日本図書館情報学会用語辞典編集委員会編．図書館情報学用語辞典．第3版，丸善，2007，p.84．
16：堀川照代，中村百合子編著．インターネット時代の学校図書館：司書・司書教諭のための「情報」入門．東京電機大学出版局，2003，p.101-116．

尾一貫性
　C．アクセス
　　⑲無料・有料，⑳複数アクセスの可否，㉑安定したアクセス，㉒個人情報の開示・同意書の必要性，㉓ダウンロード所要時間，㉔必要なソフトウェア
　D．ナビゲーション
　　㉕サイトのレイアウト，㉖サイト内のナビゲーション，㉗リンクの有効性
　インターネット上には，多種多様な情報が流通しており，冊子体のレファレンスブックでは入手できない（提供されない）ような情報を探索・入手することもできる。現代の図書館では，情報サービスを展開する際に，インターネット上の情報の欠点を十分踏まえた上で，インターネット上の情報を情報サービスに積極的に活用する必要がある。たとえば，インターネット上の情報を検索エンジンで調べることによって，情報探索の手がかり（ヒント）を得ることができる。ただし，インターネット上の情報は玉石混淆であるので，検索エンジンで得られた結果を鵜呑みにせず，複数のレファレンスブックや商用のオンラインデータベースなどを用いて，インターネット上の情報が正確かどうか多角的に検証する姿勢をもつことが大切である。

　冊子体の資料と比較した場合，インターネット上の情報の問題点として，①情報の識別と所在が明確でないこと，②情報の精度と信頼性が低いこと，③保存体制が不備であること，の3点が指摘されている[17]。

　①の問題点は，インターネット上の情報は，従来の印刷資料のような書誌コントロールに相当する作業が十分に行われておらず，インターネット上の情報を明確に記述・識別し，所在を把握することが困難であることを指摘したものである。各国の国立図書館は，近代以降，国内刊行の印刷資料（図書や雑誌など）の書誌コントロールに力を注いできた。インターネット上の情報を記述するために，メタデータの議論や提案がなされ，メタデータの作成が開始されているが，各国の国立図書館が実施している印刷資料の書誌コントロールと比べると不十分な点が多いといえる。

17：戸田愼一．特集，インターネット：ネットワーク情報資源と図書館・情報サービスの将来．情報の科学と技術．1994，vol.44，no.1，p.5-6．

②の問題点は，インターネット上の情報は，従来の印刷資料に比べると多種多様な情報が存在しており，雑多な情報が流通しているために，情報の精度や信頼性が低くなることを指摘している。インターネット上の情報には，非合法な情報や不正な情報も含まれているので，図書館などの情報サービスの情報源として活用するには，情報の内容を十分に吟味する必要がある。

③の問題点は，インターネット上の情報は，図書館資料のように永久的に蓄積・保存するという方針で運用されているわけではないことを指摘している。印刷資料の場合は，各国の国立図書館がそれらの資料を収集・整理・保存し，将来的な利用に対応する体制がおおむね整備されている。しかし，インターネット上の情報については，そのような蓄積・保存の体制が十分に整備されておらず，一部の機関や国立図書館が試験的にWebページの保存（アーカイブ）を試みている段階である。ネットワーク環境下で，調査研究に有用な情報をどのように蓄積・保存していくのかという問題は，インターネット上の情報が拡大するにつれて，大きな問題になってきている。

なお，インターネット上の情報を論じる際に，ネットワーク情報資源（networked information resources）という用語が使われることがある。ネットワーク情報資源とは，「インターネットを基盤とするネットワーク環境で，ネットワークを介して探索，入手，利用ができる情報・知識のうち，個人または組織が行う知的生産活動の原材料として価値のあるもの」[18]であり，「インターネットを基盤とするコンピュータネットワークを介して探索，入手，利用可能な情報資源」[19]と定義されている。

3．情報サービスにおける各種情報源の利用法

現代の図書館では，伝統的な冊子体のレファレンスブックのほかに，オンラインデータベースやパッケージ型電子メディア（例：CD-ROM，DVD-ROM，

18：海野敏．"メディアの多様化とネットワーク情報資源."ネットワーク情報資源の可能性．日本図書館学会研究委員会編．日外アソシエーツ，1996, p.8, (論集・図書館情報学研究の歩み, 第15集).
19：前掲注15, p.194.

電子書籍）が利用されるようになり，1990年代には，インターネット上で提供される情報も視野に入れた図書館サービスを展開することが求められるようになった。

　このような状況を受けて，現代の図書館職員は，個々の情報源の特性を十分に理解し，多様な情報源を駆使した情報サービスを提供することが重要になってきている。その際，各種のレファレンス資料（冊子体，オンラインデータベース，パッケージ型電子メディア，インターネット上の情報など）のどれを活用すればよいか，個々の情報要求に応じて適切に判断し，効率的かつ経済的な情報探索をすることが重要である。

　本節では，各種情報源の利用法を理解するために，最初に，(1)文献・情報探索の概念図を説明する。次に，日本語の文献を対象とした上で，(2)図書情報の探索，(3)雑誌情報の探索，(4)新聞記事の探索，(5)専門的な情報の探索の4点について解説する。最後に，(6)レファレンス事例集について説明する。

（1）文献・情報探索の概念図

　長澤雅男は，わが国のレファレンスサービス研究の第一人者であり，1964年刊行の『参考調査活動序講』[20]を出発点として，レファレンスサービスやレファレンス資料に関する多数の図書や論文を発表してきた。長澤は，情報探索をする際に，質問内容を分析し，「何について，どんな情報を求めているのか」という形式にあてはめてみると，質問内容を明確に捉えやすい，と指摘している。この時，「何」に相当するのが探索における「主題」であり，「どんな」に相当するのが「探索事項」である。このような「主題－探索事項」の組み合せを手がかりにすることで，探索に役立つ情報源すなわち探索ツール（レファレンス資料）の種類を決める有益な示唆を得ることができる[21]。

　長澤は，1974年に，情報探索の分野として，「レファレンス・ブックと書誌」「本とその部分」「新聞と雑誌」「ことばと成句」「ものと事柄」「ときと歴史」「ところと地理」「ひとと機関」の8種類を設定し，各分野に「求める情報の種

20：長沢雅男. 参考調査活動序講. 慶応義塾大学文学部図書館学科, 1964, x, 278p., （図書館学科刊行物, no.15).
21：前掲注1, p.674-677.

類」（5～8項目）を示し，各情報（項目）に対応したレファレンスブックを提示した[22]。1982年には，情報探索の分野が「参考図書」「言語・文字」「事物・事象」「歴史・日時」「地理・地名」「人物・団体」「図書・叢書」「新聞・雑誌」の8種類に区分され，各分野の「主題−探索事項」に対応した探索トゥール（レファレンス資料）が提示されるようになった[23]。その後，情報探索の分野名と探索トゥール（レファレンス資料）の名称が少し変更されたが，長澤の情報・文献探索の枠組みは，1974年と1982年の考え方が基盤となっている。そこで，長澤雅男の情報・文献探索の枠組みについて，文献・情報探索の概念図にまとめた（8−2図参照）[24]。

8−2図は，長澤の情報探索の8分野ごとに，質問内容の種類を示し，個々の質問に対応したレファレンスブックの種類を提示したものである。8−2図では，「質問内容の種類」と「利用するレファレンスブックの種類」を対応させている。前節までに解説したように，現代の情報サービスでは，レファレンスブックだけでなく，データベースやインターネット上の情報も，レファレンス資料として活用されている。そこで，8−2図のレファレンスブックをレファレンス資料と読み替えることによって，長澤の情報・文献探索の枠組みは，「質問内容の種類」と「利用するレファレンス資料の種類」の類型を示したものとして，幅広く活用することができる。

長澤は，登山の例を挙げながら，「文献あるいは情報を求める場合にも，回答を求めるためのルートはさまざまであり，利用する道具としての文献と探索技術の組合せによって，いろいろなステップをとることができる」[25]と指摘している。実際のレファレンス質問は，多面的な性格を持っており，ひとつの質問は複数の観点から分析・探索することができる。そこで，8−2図を踏まえ

22：長沢雅男．レファレンス・ブック：なにを・どうして求めるか．日本図書館協会，1974，231p．
23：長澤雅男．情報と文献の探索：参考図書の解題．丸善，1982，x, 385p．
24：筆者は，『情報と文献の探索』第2版（1987）を教科書として，薬袋秀樹からレファレンスサービス演習を学んだ。この演習では，前掲注22の各章冒頭に掲載された図版（8枚）を踏まえて，文献探索が解説された。その後，薬袋は図版（8枚）を集約して1枚の概念図を作成した。8−2図は，薬袋の概念図を踏まえながら，長澤雅男の情報・文献探索の枠組みを新たにまとめたものである。
25：前掲注22, p.15.

188　│　8章　各種情報源の特徴と利用法

質問の体系：特定の事柄に関する質問 → 事実に関する質問

レファレンスブックの体系：事実解説的レファレンスブック → レファレンスブック

質問の分野（章）	質問内容の種類	利用するレファレンスブックの種類
言語文字 （第2章）	ことばの読み方・書き方・語義・用法・語源 漢字の読み方・書き方・定義・用法・熟語成句 外国語の綴字・発音・外来語・方言の読み方・意味 古語・新語・ことばの発音・同（反）義語・語源 特定のことばの発音・成句の意味・出典 ことわざ・格言・成句の意味・出典 用語索引・詩歌の出典・文脈	国語辞書、特殊辞書 漢和辞書、難読語辞書 対訳辞書、外国語辞書・方言辞書 発音・同義語・語源辞書 諺語・名句辞書 用語索引、詩歌索引
事物事象 （第3章）	不特定分野・主題の事物・現象の一般的知識 特定分野・主題の事物・現象の専門的知識 記録、統計的数値等の各種データ 事物、動植物の種類・形状・色彩・構造 法律・命令・規則・告示（5未掲載）	百科事典、一般便覧 専門事典、専門便覧 統計便覧 図鑑・図譜、一般便覧 法令集（5未掲載）
歴史日時 （第4章）	不特定分野の事件の由来・原因・経過・結果 特定分野の事件の由来・原因・経過・結果 特定の年月のできごと 各種の分野・地域のデータの推移・概況 特定の分野の事項の近年の推移・概況 ニュース・トピックスの概要	歴史便覧 各種主題の専門事典、専門便覧 歴史年表、各種主題の年鑑 総合年鑑、百科事典年鑑、統計索引 専門主題便覧、統計年鑑 ニュース・ダイジェスト、難読語辞書、新聞記事集成
地理地名 （第5章）	地名の読み方・書き方・所在位置 地名の由来・人文地理・自然地理的特徴 特定地域の近年の推移・概況 地名の所在位置・距離・面積・方位 風土などの地理情報	地名事典、地名索引、地理事典 地名事典、地域年鑑、専門便覧 地図帳、地域年鑑、旅行案内書、地名索引 地理事典、便覧
人物団体 （第6章）	著名な人物の伝記等記事項 専門分野で著名な人の伝記（履歴） 現存者の履歴等記事項 団体・機関の所属職員 人物の著作・伝記・年譜・関係文献 特殊関係で読みにくい姓名の読み方・書き方 血縁関係その他の系統 官庁・法人等の所在地・組織構成・活動状況	一般人名事典、各種の専門事典 専門人名事典 人名鑑、専門人名鑑 名簿、職員録 人物書誌（第7章）、人物文献索引 難読姓・名辞書、難読語辞書 系譜・家系事典 団体名鑑、機関名鑑

3．情報サービスにおける各種情報源の利用法　|　189

		案内指示的レファレンスブック	書誌・目録・索引・抄録
図書叢書（第7章）	図書の書誌的事項・価格・入手先 図書の内容の要旨 特定の著者の著作 特定の主題の書誌的事項 翻訳書の書誌的事項 政府刊行物（官公庁出版物）（⑤未掲載） 叢書・論文集所収文献 図書その他の資料の所在個所	一般書誌（販売書誌、全国書誌） 解題（注解）書誌 人物書誌、一般書誌 主題書誌、一般書誌 翻訳書誌、一般書誌 政府刊行物書誌（⑤未掲載）、全国書誌 叢書・合集索引 総合目録、蔵書目録	
新聞雑誌（第8章）	雑誌・新聞・年鑑の書誌的事項・価格・入手先 特定の雑誌の書誌的事項・価格・記事 不特定の雑誌収載の論文・記事 雑誌・新聞所載の論文の書評 ニュース・トピックに関する新聞記事 論文の内容の要旨 雑誌・新聞・年鑑の内容の所在個所	新聞雑誌リスト 総目次・総索引、雑誌記事索引 雑誌記事索引 書評索引（第7章） 新聞記事索引 抄録誌 雑誌総合目録、雑誌目録	
レファレンスブックデータベース（第1章）	レファレンスブックの書誌的事項・要旨 レファレンスブックの内容の要旨 書誌の内容・要旨 データベースの書誌的事項・価格・入手先 データベースの内容・要旨	レファレンスブックの解題書誌 レファレンスブックの解題書誌 書誌の書誌、レファレンスブックの解題書誌 レファレンスブックのディレクトリ データベースのディレクトリ	

↑
資料に関する質問

8-2図　文献・情報探索の概念図

この図版は、以下の7文献を参照し、⑤の章立てに準拠したうえで、特に①と⑦の記述を踏まえて作成した。
①長沢雅男．レファレンス・ブック：なにを・どうして求めるか．日本図書館協会．1974．231p．
②長澤雅男．レファレンス・ブックス：なにを・どうして求めるか．新版．日本図書館協会．1982．277p．
③長澤雅男．情報と文献の探索：参考図書の解題．丸善．1982．x．385p．
④長澤雅男．情報と文献の探索：参考図書の解題．第2版．丸善．1987．xii．417p．
⑤長澤雅男．情報と文献の探索．丸善．1994．ix．337p．
⑥長澤雅男．情報と文献の探索．第3版．日本図書館協会．1989．xii．275p．
⑦長澤雅男，石黒祐子共著．情報源としてのレファレンス・ブックス．新版．日本図書館協会．2004．xi．245p．

ながら，レファレンス質問を分析し，複数の観点（質問内容の種類）から情報・文献探索をするように努力することが必要である。その際，利用できるレファレンス資料の種類やほかの探索上の制約がある中で，適宜適切な探索手段を選択し，短時間で効率的な探索ができるように，情報・文献探索の経験を積み重ねることも重要である。

　情報サービスにおける各種情報源の利用法については，本シリーズ第7巻『情報サービス演習』において，情報探索のさまざまな類型に基づいて詳しく解説している。

（2）図書情報の探索[26,27]

　わが国で明治以降に出版された図書を網羅的に探索するには，従来は，帝国図書館や国立国会図書館が刊行した各種の蔵書目録を年代別に丹念に調査する必要があった。国立国会図書館が，1979年から1999年まで和書の書誌データの遡及入力を行った結果，明治から現代までの全期間の目録データが整備され，国立国会図書館の蔵書目録は，冊子体，オンラインデータベース（JAPAN MARC），パッケージ型電子メディア（CD-ROM版のJ-BISCやDVD-ROM）の3形態で利用できるようになった。国立国会図書館は，2002年10月1日から，「国立国会図書館蔵書検索・申込システム」（略称：NDL-OPAC）（http://opac.ndl.go.jp/index.html）の提供を開始し，2012年1月6日からは，新しいNDL-OPACの提供が始まった。NDL-OPACは，2012年2月28日現在，約720万件のメタデータを収録しており，図書，雑誌，新聞，電子資料，和古書・漢籍，博士論文，地図，音楽映像，蘆原コレクション，雑誌記事索引，規格・テクニカルリポート類，日本占領関係資料が検索できる。さらに，国立国会図書館は，2012年1月6日から，「国立国会図書館サーチ」（略称：NDL Search）（http://iss.ndl.go.jp/）の提供を開始した。NDL Searchでは，国立国会図書館の所蔵する全資料を探すだけでなく，都道府県立図書館，政令指定

26：大庭一郎．"ネットワーク情報資源を活用した図書情報の探索."図書館情報学の創造的再構築．吉田政幸，山本順一共編．勉誠出版，2001，p.105-114．
27：大庭一郎．"第2章　図書の探索."情報検索演習．緑川信之編著．新訂，東京書籍，2004，p.41-79，（新現代図書館学講座，7）．

都市の市立図書館の蔵書，国立国会図書館や他機関が収録している各種デジタル情報などを探すことができる。したがって，NDL Search から NDL-OPAC を検索することも可能である。

　NDL-OPAC は，わが国の図書情報を網羅的に探索する際に威力を発揮するが，新刊図書のデータベースへの登録に時間がかかるために，新刊図書の探索には適していない。そこで，新刊図書を探索する場合は，オンライン書店の Amazon.co.jp や紀伊國屋書店の店頭在庫検索ができる KINO ナビなどを活用するとよい。わが国で出版された市販図書の在庫情報を探索するには，従来は，冊子体の『日本書籍総目録』（日本書籍出版協会）を調査する必要があった。しかし，現在では，『日本書籍総目録』はインターネット上の Books（http://www.books.or.jp/）で提供されており，冊子体よりも多様な検索が可能になっている。品切れ・絶版の図書を探索する場合は，古書の横断検索ができる「本の枝折」を活用することができる。

　わが国の図書館では，従来，大規模な総合目録が整備されてこなかったが，大学図書館の洋書を対象とした総合目録は，『新収洋書総合目録　1954-83』（国立国会図書館）と『新収洋書総合目録　1984-87』（紀伊國屋書店）として刊行されていた。1987年以前に大学図書館が受け入れた洋書を探索する場合は，かつては『新収洋書総合目録』を利用する必要があった。学術情報センター（現在，国立情報学研究所（NII））の目録・所在情報サービス NACSIS-CAT（1984-）の運用開始によって，『新収洋書総合目録』は，主なその役割を終えた。NACSIS-CAT は，オンライン共同分担目録方式により総合目録データベース（図書・雑誌）を形成するシステムである。1984年以降，大学図書館は，NACSIS-CAT に参加し，総合目録を構築するようになった。NACSIS-CAT のデータは，NACSIS-IR の目録所在情報データベース BCAT（図書）と SCAT（雑誌）として提供された。さらに，学術情報センターは，1997年4月1日から，「総合目録データベース WWW 検索サービス」（略称：NACSIS Webcat）（http://webcat.nii.ac.jp/）の試行サービスを始め，1998年4月1日から本運用を開始した。NACSIS Webcat は，わが国の大学図書館等が所蔵する図書・雑誌の総合目録データベースを Web 上で検索できるシステムである。NACSIS Webcat の目録・所在情報は，NACSIS-CAT や NACSIS-IR（BCAT

(図書)・SCAT（雑誌））に対応していた。図書の目録・所蔵情報は，学術情報センターのNACSIS-CAT運用開始後に，大学図書館等で入力された目録・所蔵情報が中心である。1984年以前の図書の目録データについては，各機関で遡及入力作業が進められているが，すべての参加機関の全蔵書が登録されているわけではないことに注意する必要がある。NACSIS Webcatは2013年3月に終了を予定しており，2011年11月9日から，NACSIS Webcatの後継であるCiNii Books（http://ci.nii.ac.jp/books/）の提供が開始されている。

わが国をはじめとする世界各国の図書検索システムについては，伊藤民雄が運営するWebページ上の文献探索サイト「図書・雑誌探索ページ」（http://rnavi.info/）から参照することができる[28]。

（3）雑誌情報の探索[29,30]

わが国で現在刊行されている雑誌・新聞を探索するには，冊子体の『雑誌新聞総かたろぐ』（メディア・リサーチ・センター）が利用できる。「雑誌新聞総かたろぐWeb検索」では，『雑誌新聞総かたろぐ』に掲載されている会社名と媒体名に限定した検索が行える。

雑誌の所蔵状況を探索する場合は，大規模な雑誌のコレクションをもつ，①国立国会図書館，②大学図書館，③独立行政法人科学技術振興機構（JST），の所蔵状況を確認する必要がある。①の国立国会図書館の雑誌の所蔵状況は，以前は，冊子体の『国立国会図書館所蔵国内逐次刊行物目録』やCD-ROM版の『NDL CD-ROM Line 国立国会図書館所蔵逐次刊行物目録』で探索した。現在は，NDL-OPACから雑誌の所蔵状況を検索することができる。

②の大学図書館における雑誌の所蔵状況については，NACSIS Webcatから検索することができる。NACSIS Webcatの雑誌の目録・所蔵情報は，冊子体の『学術雑誌総合目録』（1953年から2001年まで継続的に刊行）のデータを継

28：伊藤民雄. インターネットで文献探索. 2010年版, 日本図書館協会, 2010, p.iv-v, （JLA図書館実践シリーズ, 7）.
29：大庭一郎. "第10章 CD-ROMを用いた情報探索." レファレンスサービス演習. 山本順一編著. 理想社, 1999, p.181-198, （新図書館情報学シリーズ, 6）.
30：大庭一郎. "雑誌記事索引." 生涯学習研究e事典. 日本生涯教育学会, 2009-08-31. http://ejiten.javea.or.jp/content.php?c=TWpBMk1qSTE%3D, （参照2012-03-05）.

承しており，わが国の大学図書館の雑誌の目録・所蔵情報をほぼ完全に網羅している。2011年11月9日から，NACSIS Webcat の後継の CiNii Books で，雑誌の目録・所蔵情報も提供されている。③の独立行政法人科学技術振興機構（JST）の雑誌の所蔵状況は，以前は，『科学技術振興機構資料所蔵目録』（冊子体と CD-ROM 版）で探索したが，現在では，「JST 資料所蔵目録 Web 検索システム」（http://opac.jst.go.jp/）から検索することができる。

　わが国の雑誌記事を探索する場合は，①学術雑誌，②一般雑誌，③短期大学の紀要類，の三つの観点から調査する必要がある。①の学術雑誌に掲載された論文や記事の書誌情報（著者名，論文名，誌名，巻号，出版年，ページ）を網羅的に調べるためには，従来は，国立国会図書館が刊行した『雑誌記事索引』（「人文・社会編」と「科学技術編」）や「人文社会編」の「累積索引版」を年代別に丹念に調査する必要があった。現在，『雑誌記事索引』はデータベース化されており，オンラインデータベースやパッケージ型電子メディア（CD-ROM 版と DVD-ROM 版）で利用できる。さらに，2002年10月1日から，NDL-OPAC を通じて，「雑誌記事索引」が検索できるようになった。NDL-OPAC では，2012年2月28日現在，1948年以降の約1,000万件の雑誌記事を検索することができる。

　②の一般雑誌に掲載された雑誌記事を調べるには，評論家の大宅壮一が収集した明治期の雑誌から現在発行中の雑誌（大衆誌，週刊誌など）を収録対象とした，冊子体の『大宅壮一文庫雑誌記事索引総目録』（収録期間：明治時代-1995），および，『大宅壮一文庫雑誌記事索引 CD-ROM 版』（収録期間：1988-2008）を探索する必要がある（CD-ROM 版は2008年版で刊行終了）。2002年8月から，「大宅壮一文庫雑誌記事索引検索 Web 版」（略称：Web OYA-bunko）（http://www.oya-bunko.com/）が，教育機関を対象として，年間契約サービス（有料）を開始している（収録期間：1988-現在）。なお，皓星社の「雑誌記事索引集成データベース」（有料）は，総合雑誌から地方誌までを対象とした雑誌記事索引である（収録期間：明治初期-現在）。

　③の短期大学の紀要類に掲載された論文を調べるには，冊子体の『全国短期大学紀要論文索引　1950-1979』（埼玉福祉会），『全国短期大学紀要論文索引 1980-1984』（日本図書センター），『全国短期大学紀要論文索引　1985年版-

1991年版』（日本図書センター）を年代別に丹念に調査する必要があった。

　国立情報学研究所（NII）は，2005年4月1日から，学術情報のポータルサイトとして，NII学術コンテンツ・ポータル（GeNii［ジーニイ］）の正式運用を開始した。2005年度のGeNiiの構成は，学術論文情報，図書・雑誌情報，研究成果情報の3種類の情報を統合的に検索可能にし，2次情報から1次情報へのアクセスも提供することを目指していた（後に，分野別専門情報と教育・研究成果情報も追加）。GeNiiの中で，論文情報を探す機能として提供されているのが，NII論文情報ナビゲータ（CiNii［サイニィ］）（http://ci.nii.ac.jp/）である。CiNiiは，学協会刊行物，大学研究紀要，国立国会図書館の雑誌記事索引データベースなど，学術論文情報を検索対象とする論文データベース・サービスである。CiNiiには，無料一般公開されている論文が豊富にあり，利用登録なしで検索できる（有料公開の論文は，法人単位や個人単位の利用登録で利用可能）。2011年11月9日に，CiNiiはサービス再編に伴って（CiNii Booksの導入によって），CiNii Articlesに名称変更された。CiNii Articlesは，2011年10月1日現在，約1,500万件の学術論文情報を収録し，そのうちの370万件はCiNii Articlesに論文本文があり，CiNii Articlesに論文本文がない場合は，連携サービスへのリンクによって，より多くの論文本文に到達できるようにしている。

（4）新聞記事の探索[31]

　わが国では，冊子体の新聞記事索引が未発達であったために，オンラインデータベースやパッケージ型電子メディア（CD-ROMやDVD-ROM）が開発されるまでは，あるテーマについて新聞記事を調べる場合，膨大な時間と手間をかけて，冊子体の縮刷版の索引を月別に丹念に調査しなければならなかった。しかし，現在では，日本の主要な新聞社の新聞記事は，全文データベースの検索システムとして，新聞記事と索引をオンラインデータベースやパッケージ型電子メディアの形態で利用できるようになった。1990年代以降，インターネットの普及に伴って，新聞社は自社のWebページを通じて，新聞記事の一部分を無料で発信するようになり，新聞記事の記事データベースの有料提供も開始

31：大庭一郎．"第6章　新聞・新聞記事の探索．" レファレンスサービス演習．山本順一編著．改定版．理想社，2005，p.157-177．（新図書館情報学シリーズ，6）．

した。各新聞社が無料発信する新聞記事は，Google ニュースや Yahoo! ニュースを経由して，横断的に閲覧することができる。現在，図書館のような情報サービス機関は，新聞記事の全文データベースを利用するために，オンラインデータベースは有料契約し，CD-ROM や DVD-ROM は購入するのが一般的である。

　ここでは，「朝日新聞」を例として，新聞記事の探索方法を説明する。冊子体の『朝日新聞記事総覧』（日本図書センター，1985-1999，60冊）は，朝日新聞縮刷版の各月巻頭の索引を収録したもので，「大正前期編」「大正編」「昭和編」「昭和戦後編」「平成編」が刊行されている。CD-ROM 版の『朝日新聞戦後見出しデータベース　1945〜1999』では，1945年から1999年までの朝日新聞縮刷版55年分の索引見出し約340万件を検索することができる。「朝日新聞」の CD-ROM 版の全文データベースとしては，CD-HIASK（1985年以降）を利用することが可能である。このほかに，「朝日新聞」に関連した CD-ROM として，『朝日新聞戦前紙面データベース　昭和元年〜9年編』（CD-ROM39枚），『朝日新聞戦前紙面データベース　昭和10年〜20年編』（CD-ROM35枚），『朝日新聞号外　1879年〜1998年』（CD-ROM 6 枚）が発売されており，「朝日新聞」の紙面をキーワード等で検索できる。公共図書館・大学図書館向けの朝日新聞記事データベースとしては，「聞蔵Ⅱビジュアル・フォーライブラリー」と「聞蔵デジタルニュースアーカイブ・フォーライブラリー」があり，インターネット経由で利用できる（有料）。「聞蔵Ⅱビジュアル・フォーライブラリー」は，明治の朝日新聞創刊号から現在までの記事を検索でき，切り抜き・紙面イメージもみることができる（週刊朝日，AERA を収録し，知恵蔵も利用可能）。一方，「聞蔵デジタルニュースアーカイブ・フォーライブラリー」は，1985年以降の朝日新聞，週刊朝日，AERA，知恵蔵が検索できる記事データベースで，記事はテキストのみ収録している。

（5）専門的な情報の探索

　わが国の大学図書館では，調査研究を支援するために，情報サービスの一環として，専門的な学術情報の提供が日常的に行われてきた。一方，わが国の公共図書館は，大学図書館と比較した場合，レファレンスサービスが十分に定着

しておらず，専門的な情報の提供は十分には行われてこなかった。

2006年3月に，文部科学省の「これからの図書館の在り方検討協力者会議」（主査：薬袋秀樹）がまとめた『これからの図書館像：地域を支える情報拠点をめざして：報告』では，公共図書館が目指すべき方向性と具体的な実現の在り方を提示し，レファレンスサービスについて重要な指摘がなされていた。『これからの図書館像』では，住民の読書を支援するだけでなく，地域や住民の課題解決支援（行政支援，学校教育支援，ビジネス（地場産業）支援，子育て支援，等）の機能を充実させる際に，レファレンスサービスを積極的に展開すること。このほかに，医療・健康，福祉，法務（法律），地域・行政の情報などの情報提供サービスも必要である，と指摘している[32]。今後の公共図書館では，この報告書を踏まえて，課題解決支援や専門的な情報の提供に積極的に取り組む必要がある。そこで，専門的な情報の探索に役立つ文献を，以下に紹介する。

- 『病院図書室デスクマニュアル』病院図書室研究会（2001）[33]
- 『患者医療図書サービス』病院図書室研究会（2004）[34]
- 『事例で読むビジネス情報の探し方ガイド』日本図書館協会（2005）[35]
- 『理・工・医・薬系学生のための学術情報探索マニュアル』丸善（2006）[36]
- 『リーガル・リサーチ』日本評論社（2008）[37]

32：大庭一郎．『これからの図書館像』とレファレンスサービス．図書館雑誌．2006, vol.100, no.11, p.768-771.
33：病院図書室研究会デスクマニュアル編集委員会編．病院図書室デスクマニュアル．静岡，病院図書室研究会，2001, v, 194p.
34：患者図書マニュアル編集委員会編．患者医療図書サービス：医療情報を中心とした患者図書室．静岡，病院図書室研究会，2004, iv, 86p., （デスクマニュアルシリーズ）．
35：図書館経営支援協議会編．事例で読むビジネス情報の探し方ガイド：東京都立中央図書館の実践から．日本図書館協会，2005, x, 243p.
36：学術情報探索マニュアル編集委員会編．理・工・医・薬系学生のための学術情報探索マニュアル：電子ジャーナルから特許・会議録まで．丸善，2006, vi, 187p.
37：いしかわまりこ，藤井康子，村井のり子．リーガル・リサーチ．第3版，日本評論社，2008, xx, 407p.

(6) レファレンス事例集

a. レファレンス事例集の概要

　情報サービスにおける各種情報源の利用法については，さまざまな図書館のレファレンス事例集から学習することができる。レファレンス事例集とは，レファレンスサービスに寄せられた質問や，その結果得られた回答，回答プロセス，参考資料を記録し，集積したものである。レファレンス事例集は，従来は，小冊子や定期刊行物の形態でまとめられることが多かったが，最近では，図書館のWebページ上で公開されることが多くなってきた。

　レファレンス事例データベース（reference database）は，「レファレンス質問と回答の内容の記録であるレファレンス事例をレコードとして蓄積したデータベース。質問回答サービスの事後処理として作成される。質問，回答，回答プロセス，参考資料などの中核的な事項のほか，検索のための分類やキーワードなど付加的な情報を付したものが多い。主に，図書館内での情報共有，質問者への追加情報の提供，類似質問の調査のツール，質問傾向の把握，追加すべき資料の把握，職員研修の教材，サービスの広報等に活用される」[38]と定義されている。レファレンス事例データベースの代表例は，国立国会図書館のレファレンス協同データベース事業（略称：レファ協）（http://crd.ndl.go.jp/jp/library/index.html）である。

　レファ協は，国立国会図書館が主導し，全国の公共図書館，大学図書館，専門図書館等と協同で構築しているレファレンス事例データベースであり，図書館におけるレファレンスサービスや一般の人々の調べ物に役立てることを目的としている。レファ協は，2002年8月に，実験事業実施計画が策定され，3か年の予定で開始された。2005年4月にレファレンス協同データベース事業（レファ協）として本格事業化し，同年12月にデータが一般公開された。レファ協には，(1)レファレンス事例（全国の図書館で行われたレファレンスサービスの記録），(2)調べ方マニュアル（特定のテーマやトピックに関する調べ方をまとめたもの），(3)特別コレクション（個人文庫や貴重書などの特殊コレクション

38：前掲注15，p.258.

の情報），(4)参加館プロファイル（レファ協参加館についての情報）の4種類のデータが蓄積されている（4種類の登録データは，自館のみ参照，参加館公開，一般公開と，3段階の公開レベルを設定することができる）。2012年2月末現在，レファ協への参加館数は559館（公共図書館346館，大学図書館150館，専門図書館43館，国立国会図書館11館，その他9館），データ登録数（4種類のデータ総数）は81,685件である[39]。

　レファ協によって，従来の単館もしくは同一館種による取組みから，館種を問わない複数館による取組みへと，より大きな枠組みでレファレンスサービスに関する情報を共有，活用することが可能になり，より多くの新たな知識を創造できる仕組みが整備された。

　レファ協事務局は，レファレンス事例データや調べ方に関する情報をWebページ上に公開している図書館等のリンク（http://crd.ndl.go.jp/jp/library/links.html）を作成している。なお，冊子体のレファレンス事例集の例としては，ビジネス支援図書館推進協議会が作成した『図書館員があなたの仕事をお手伝い．：図書館員によるビジネス課題への回答事例集』[40]が挙げられる。

　個々のレファレンス事例集には，各図書館に寄せられたレファレンス質問とその回答が掲載されており，情報サービスの実務の一端を垣間見ることができる。レファレンス事例集は，前項「（1）文献・情報探索の概念図」と対照しながら，個々の事例を読むことによって，文献・情報探索の枠組みの理解を深める教材として活用することができる。

b．SECIプロセス[41]

　ナレッジマネジメントは，1990年代から産業・経営の領域で関心を集め，以後，新たに知識や情報が価値の源泉としてみなされるようになった。その背景

39：堤恵，佐藤久美子，牧野めぐみ．特集，多様化する図書館システム：「レファ協」で拓くレファレンスサービスの新たな地平．情報の科学と技術．2011, vol.61, no.5, p.187-193.

40：ビジネス支援図書館推進協議会編．図書館員があなたの仕事をお手伝い．：図書館員によるビジネス課題への回答事例集．ビジネス支援図書館推進協議会，2010, 103p., ((財)図書館振興財団平成21年度助成事業).

41：野中郁次郎，紺野登．知識経営のすすめ：ナレッジマネジメントとその時代．筑摩書房，1999, p.7-19, 104-115, (ちくま新書, 225).

には，企業の内部資源への注目や，知識・デジタル経済への注目がある。ナレッジマネジメントとは，個人や企業の持つ知識資産を組織的に集約，共有することで，業務の効率を高め，価値を生み出すことや，そのための仕組みづくりを行うことである。

　知識には，主観的で言語化・形態化困難な暗黙知と，言語または形態に結晶された客観的な形式知の２種類がある。個人や組織は，この２種類の知識を組み合わせて価値を生み出している。ナレッジマネジメントにおいて，価値の創造や成長を引き起こすのは知識創造のプロセスであり，そのプロセスは暗黙知と形式知からなる相互作用で説明できる。これは野中郁次郎らによって提唱されたもので，4段階の知識変換プロセスの頭文字を取って，SECI プロセスと呼ばれている。4段階の知識変換プロセスは，以下のとおりである。

- 共同化（Socialization）：個人対個人がフェース・トゥ・フェースでの暗黙知のやりとりをする，暗黙知からあらたに暗黙知を得るプロセス。
- 表出化（Externalization）：自分自身の中にある暗黙知を表出したり，他者のイメージや思いを感じとって言語や図像化する，暗黙知からあらたに形式知を得るプロセス。
- 結合化（Combination）：外部からの形式知の獲得・総合が行われ，形式知の伝達と普及を図る，形式知からあらたに形式知を得るプロセス。
- 内面化（Internalization）：組織的に形式化された知識を自分自身のものとして採り入れる，形式知からあらたに暗黙知を得るプロセス。

　SECI プロセスの4段階の知識変換プロセスを通じて，個人や組織は暗黙知と形式知を相互に変換し，新たな知識を獲得，創造している。

c．SECI プロセスにおけるレファレンスサービスの知識[42]

　レファレンスサービスは，職員個人の経験に根ざした暗黙知によるところが多い。そのため，図書館全体でレファレンスサービスの技能を高めるには，職員個人が有する知識や経験を，図書館全体で共有し，他の職員にも伝授することが必要である。

42：大庭一郎．"日本の図書館のレファレンス事例集．" 第7回レファレンス協同データベース事業フォーラム記録集．国立国会図書館関西館図書館協力課編．精華町（京都府），国立国会図書館関西館図書館協力課，2011，p.17-48．

200 | 8章 各種情報源の特徴と利用法

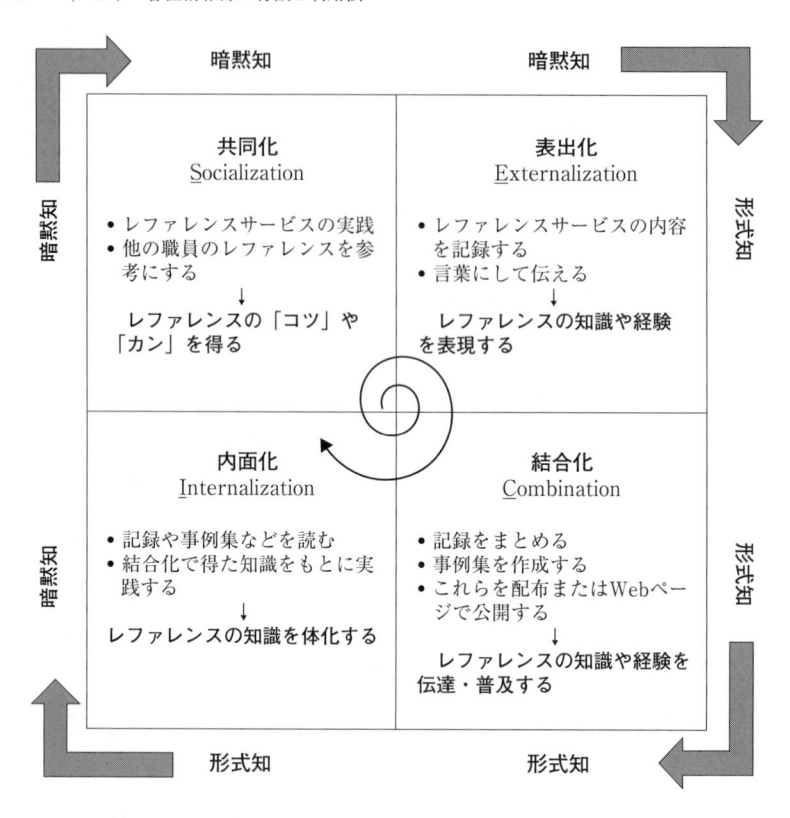

```
              暗黙知              暗黙知
    ┌─────────────────┬─────────────────┐
暗  │    共同化        │    表出化        │ 形
黙  │  Socialization  │ Externalization │ 式
知  │ ・レファレンスサー│ ・レファレンスサー│ 知
    │  ビスの実践      │  ビスの内容      │
    │ ・他の職員のレファ│  を記録する      │
    │  レンスを参考に  │ ・言葉にして伝える│
    │  する            │       ↓          │
    │       ↓          │ レファレンスの知識│
    │ レファレンスの「コ│ や経験を表現する │
    │ ツ」や「カン」を得る│                 │
    ├─────────────────┼─────────────────┤
暗  │    内面化        │    結合化        │ 形
黙  │ Internalization │   Combination   │ 式
知  │ ・記録や事例集など│ ・記録をまとめる │ 知
    │  を読む          │ ・事例集を作成する│
    │ ・結合化で得た知識│ ・これらを配布また│
    │  をもとに実践する│  はWebページで   │
    │       ↓          │  公開する        │
    │ レファレンスの知識│       ↓          │
    │ を体化する       │ レファレンスの知識│
    │                  │ や経験を伝達・普及│
    │                  │ する             │
    └─────────────────┴─────────────────┘
              形式知              形式知
```

8-3図 SECI プロセスにおけるレファレンスサービスの知識
(野中郁次郎・紺野登『知識経営のすすめ:ナレッジマネジメントとその時代』筑摩書房(ちくま新書, 225), 1999, p.111, 図7を踏まえて新たに作成)

　8-3図は,レファレンスサービスにおける暗黙知と形式知の関係を SECI プロセスに位置づけたものである。この SECI プロセスの中で,レファレンス事例集が活用される場面を見ると,レファレンス事例集は結合化(C)および内面化(I)の一部に現れ,全てを網羅するわけではない。しかし,レファレンス事例集は,個人や組織のレファレンスサービスに関する知識や経験を集積していると同時に,新たな知識を創造する下地となっており,レファレンスサービスの過程において重要な役割を果たすといえる。
　レファレンス事例集を活用することによって,レファレンスサービスに関す

る知識資産を活用し，業務の効率などを高めることができる。さらに，インターネット上にレファレンス事例が公開されてからは，レファレンス事例集を通じて知識を連携させることも可能になった。

　レファレンス事例集の媒体や公開範囲の変化に伴い，SECI プロセスにおける知識の流れがスムーズになり，かつその範囲が拡大している。その結果，より迅速に広範囲から新たな知識を得ることが可能になり，より多くの知識を創造できるようになった。現在，インターネット等の情報処理技術の進展によって，ナレッジマネジメントの考え方が，レファレンスサービスやレファレンス事例集に応用しやすくなってきた。具体的には，レファレンス研修の素材として利用することや，自館の Web ページ上に公開することが挙げられる。

4．情報サービスにおける各種情報源の最新動向を学ぶために

　現在，コンピュータを用いた情報処理技術は急速に進歩しており，それに伴って，新しい情報機器や情報メディアの開発が進められている。このような状況を受けて，図書館の情報サービスで使われる各種の情報源には，新しい情報メディアとそれを利用するための情報機器類が加わっていくことが予想される。本章では，情報サービスにおける各種情報源の特徴や利用法について，基礎的な事柄を記してきた。しかし，最新の情報サービスを展開するためには，各種情報源の最新動向を常に把握しておくことが必要である。各種の情報源の最新動向は，図書館情報学分野の専門雑誌を定期的にブラウジングすることによって知ることができる。専門雑誌のブラウジングは，図書館の情報サービス全般の最新動向を把握する上でも有効である。図書館情報学の専門雑誌には，次のようなものがある（◎印は，Web 版（電子版）のあるもの）。

- 『医学図書館』（日本医学図書館協会）（季刊）
- 『オンライン検索』（日本端末研究会）（季刊）
- 『学校図書館』（全国学校図書館協議会）（月刊）
- 『学校図書館学研究』（日本学校図書館学会）（年刊）
- 『カレントアウェアネス』（国立国会図書館関西館図書館協力課）（季刊）◎
- 『現代の図書館』（日本図書館協会）（季刊）

- 『国立国会図書館月報』（国立国会図書館）（月刊）◎
- 『情報管理』（科学技術振興機構）（月刊）◎
- 『情報の科学と技術』（情報科学技術協会）（月刊）
- 『情報メディア研究』（情報メディア学会）（不定期刊）◎
- 『専門図書館』（専門図書館協議会）（年6回刊）
- 『短期大学図書館研究』（私立短期大学図書館協議会）（年刊）
- 『大学図書館研究』（国公私立大学図書館協力委員会・大学図書館研究編集委員会）（年3回刊）
- 『図書館界』（日本図書館研究会）（隔月刊）
- 『図書館雑誌』（日本図書館協会）（月刊）
- 『日本図書館情報学会誌』（日本図書館情報学会）（季刊）
- 『びぶろす』（国立国会図書館）（電子版のみ年4回刊）◎
- 『みんなの図書館』（図書館問題研究会）（月刊）
- 『薬学図書館』（日本薬学図書館協議会）（季刊）
- 『Library and Information Science』（三田図書館・情報学会）（年2回刊）

　これらの専門雑誌を定期的にブラウジングし，情報サービスに関する最新動向を学んでもらいたい。

参考文献
(より進んだ勉強のために)

図書館情報学ハンドブック編集委員会編.図書館情報学ハンドブック.第2版,丸善,1999.

バックランド,M.K.;高山正也,桂啓壯訳.図書館サービスの再構築:電子メディア時代に向けての提言.勁草書房,1994.

バックランド,M.K.;高山正也訳.図書館・情報サービスの理論.勁草書房,1990.

アーカート,D.;高山正也訳.図書館業務の基本原則.勁草書房,1985.

日本図書館情報学会研究委員会編.情報アクセスの新たな展開(シリーズ図書館情報学のフロンティア,No.9).勉誠出版,2009.

山﨑久道.専門図書館経営論:情報と企業の視点から.日外アソシエーツ,1999.

ランカスター,F.W.;中村倫子,三輪眞木子訳.図書館サービスの評価.丸善,1991.

サミュエル・ローススティーン;長澤雅男監訳.レファレンス・サービスの発達.日本図書館協会,1979.

長澤雅男,石黒祐子.問題解決のためのレファレンス・サービス.新版,日本図書館協会,2007.

国立国会図書館関西館事業部編.レファレンス協同データベース事業データ作成・公開に関するガイドライン.日本図書館協会,2006.

国立国会図書館関西館事業部編.レファレンス協同データベース事業調べ方マニュアルデータ集:データと解説.日本図書館協会,2007.

原田智子,岸田和明,小山憲司.情報検索の基礎知識.新訂2版,情報科学技術協会,2011.

三輪眞木子.情報検索のスキル:未知の問題をどう解くか(中公新書).中央公論新社,2003.

岸田和明.情報検索の理論と技術.勁草書房,1998.

中村幸雄.情報検索理論の基礎:批判と再検討(情報科学講座C・11・1).共立出版,1998.

アレクサンダー・ハラヴェ;田畑曉生訳.ネット検索革命.青土社,2009.

フリッツ・マッハルプ;木田宏,高橋達男監訳.知識産業.産業能率短期大学出版部,1969.

野中郁次郎,紺野登.知識創造の方法論:ナレッジワーカーの作法.東洋経済新報社,2003.

Cassell, Kay Ann; Hiremath, Uma. Reference and Information Services in the 21st Century: An Introduction. 2nd ed., Facet Publishing. 2009.

さくいん

あ行

アーカイブ・サイト　132
アーカイブズ　94
アクセス
　　17, 18, 20, 73, 171, 184
アップポスティング　105
アバター　98
アブラム　97
アラートサービス　31
案内指示的なレファレンス
　ブック　176
案内質問　26
案内紹介サービス　29
暗黙知　199

一次情報　75
一次資料　75
一対一の利用教育　32
医療・健康情報　147
インターネット検索
　　102, 127, 110
インデクシング　123
インデクシング言語　123
インバーテッド・ファイル
　　105
インフォメーション・コモ
　ンズ　98

運営方針　138

SERVQUAL モデル　91
SECI プロセス　199
LISTA データベース　95
演繹法　85

か行

オリエンテーション　152,
　159, 165
オンディスク検索　180
オンライン書店　191

か行

開館案内　137
ガイダンス　152, 171
回答の制限　59
概念検索　107
学術情報　195
課題解決型　94
課題解決支援　196
学校図書館　39, 59, 73, 134
カテゴリ型検索エンジン
　　129
カレントアウェアネス
　　103
カレントアウェアネス検索
　　103
カレントアウェアネスサー
　ビス　30, 103
環境変化　9
完全一致検索　114
巻末索引　123

キーワード　123, 124
帰納法　85
教育効果　67
共同化　199
教養的知識　45
協力レファレンスサービス
　　36, 94

記録情報源　173
キング　62

クイックレファレンス　26
グウィン　154
グループ対象の利用教育
　　32
クレア　88

経営管理者　86
経営資源　66
計画　76
形式知　199
携帯電話　4, 150
結合化　199
研究成果　145
検索エンジン　7, 102, 105,
　128, 182
検索結果　112, 126, 131,
　141
検索語　104, 110, 112, 124,
　178
検索式　112
検索テーマ　110
検索フィールド　122
検索漏れ　118
研修　78
原報　121
件名標目表　105, 125

公共図書館　37, 44, 69, 73,
　94, 134, 163
行動の指針　5
後方一致検索　115

顧客満足度　117
コミュニケーション・プロセス　42
コラボレーション　99
『これからの図書館像』　93, 196
コンサルタント　83, 135
コンピテンシー　81
コンピュータ・リテラシー教育　162
コンピュータ検索　101, 178

　　さ行

サービス業　81
サービスの選択　71
サービス方針　58
サービスポイント　34, 35
再検索　118
再現率　117
サイト内検索　133
サイトマップ　133
索引　177
索引作業　123, 127
索引ファイル　105
冊子体　173
サブジェクトゲートウェイ　132
参考質問　49

シーケンシャル・ファイル　107
思考支援　67
事後結合索引法　178
事実解説的なレファレンスブック　176
事実型検索　104

辞書　176
次世代 OPAC　140
事前結合索引法　178
自然言語　123
自然語　110
自然語検索　104
シソーラス　105, 124
質問回答　25
質問者　41
実用的知識　45
ジャホダ　53, 54
宗教的知識　45
収書方針　138
主題別部門化　77
生涯学習　155, 172
情報源　20
情報検索システム　105
情報検索申込書　108
情報源選択に対する継続的援助　29
情報公開　149
情報サービス機関　15
情報専門家　133
情報探索　186
情報探索・情報入手　67
情報探索の8分野　187
情報探索法指導　166
情報提供　25
情報ニーズ　66
情報の価値　5, 15
情報の目利き　11
情報表現法指導　169
情報メディア　1, 44
情報要求　41, 43, 46, 78, 134
情報リテラシー　155
情報リテラシー教育　152,

155, 162
消滅性　89
書誌　176
書誌情報検索　104
書誌情報の確認　27
書誌データベース　121
調べ学習　160
人員配置　76
新着図書案内　137

図鑑　176
ストロー　64

精度　117
世間話的・娯楽的知識　45
セルフ・チュートリアル　170
全文検索　107
前方一致検索　115
専門事典　176
専門主題別部門化　77
専門性　67, 77
専門図書館　30, 38, 70, 73, 81, 94, 97, 134

総合的な学習の時間　160
相談窓口　16
ソーシャルタギング　142
ソーシャルメディア　140
遡及検索　102, 178
即答質問　26
組織形成　76

　　た行

大学図書館　38, 59, 73, 95, 134, 144, 158, 161
代行検索　108

さくいん | *207*

探索質問　26

知識　45, 84, 199
地図帳　176
チャーチ　83
チャット　22
仲介者　11
中間一致検索　116
中間任意検索　116
チュートリアル　19
調査質問　27
調査を必要とする質問　57
著作権侵害　143
著作権法　119
著作権保護期間　149

ティーフェル　153
ディスク検索　101, 122
ディスクリプタ　54, 124
テイラー　47
ディレクトリ型検索
　　エンジン　129
テーマ別図書案内　137
適合度　141
適合率　117
テクノクラート　99
デジタルデバイド　13, 20
デジタルレファレンス
　　27, 50
デジタルレファレンスサー
　　ビス　96
電子図書館コレクション
　　146
伝票　74

同義語　105, 108
統制語　105, 110

統制語彙　105, 123
統制語検索　105
読書相談サービス　29
図書館 Web　136, 149
図書館員　23
図書館相互貸借　28
図書館探検ツアー　164
図書館パフォーマンス指標
　　90
特許情報　108
ドラッカー　86
トランケーション　115

な行

内面化　199
ナビゲーション　184
ナレッジマネジメント　198

二次情報　75
二次資料　75

ネットワーク情報資源　185
年鑑　176
年表　176

ノイズ　116, 118

は行

バーチャル・ライブラ
　　リー・ツアー　166
バーチャルレファレンス
　　サービス　96
ハーノン　153
ハイブリッド・ライブラ
　　リー　136
ハイブリッド型検索エン
　　ジン　130

パスファインダー
　　19, 164, 168
パスワード　102, 142
バックアップ　150
バックランド　73
パッケージ型電子メディア
　　173, 177
パラダイムシフト　157

ヒーリー　158
非営利組織　86
非記録情報源　173
ビジネス支援情報　148
ビジュアル化　141
非ディスクリプタ　124
百科事典　176
評価　51, 76, 87, 95, 116,
　　151, 183
表出化　199
便覧　176

ファクト検索　104
ファクトデータベース　121
ファセット分類　141
ファカルティ・ディベロプ
　　メント　161
不可分性　89
ブラウジング　201
ブラウズ　22
フリーターム　124
フリーターム検索　104
フルテキストデータベース
　　104
ブロウナゲル　54
文献探索法　152, 166
文献複写　146
分析　53

便益　67
変動性　89

方向づけ　67
法律情報　148
ポータルサイト　132
ポップ　24
ほどほどの情報　158

ま行

マーシャル　154
マイライブラリ機能　141
マウント　52
マスク文字　115
マスメディア　16
マッハルプ　45
マニュアル検索　101, 177
マルチメディア型の検索　104

ムーアズ　100
無形性　88

メールマガジン　139
メタ検索エンジン　130
メンツェル　48

目録　176
問題解決　30, 67

や行

ユーザーID　102

余分な知識　45

ら行

ラーニング・コモンズ　98
ライン　47

リース　41
リソース　67
リテラシー　19, 99
利用案内　137
利用教育　31
利用者　11, 22, 23, 66, 134
利用者ID　142
利用者番号　102
リンク集　132, 138, 183

類縁機関　70

レコード　122
レディレファレンス　26
レファレンス・エキスパート・システム　43
レファレンスインタビュー　23, 27, 61, 62
レファレンスカウンター　23, 35
レファレンス係員　41, 43, 53, 59, 60
レファレンス協同データベース事業　197
レファレンスコレクション　20, 21, 35
レファレンスシステム　41
レファレンス質問　23, 49, 52, 58, 187
レファレンス質問受付（記録）票　50
レファレンス情報源　173
レファレンス資料　173
レファレンス事例データベース　197
レファレンスデータベース　120
レファレンスブック　20, 35, 38, 57, 174, 175, 180
レフェラルサービス　28
レポートカウンセリング　30
連想検索　108

ログオフ　143
ロビンソン　153
ロボット型検索エンジン　129
論理演算子　113
論理差　113
論理積　113
論理和　113

わ行

ワイルドカード　115

欧文

Abram, S.　97
Blog　139
Bopp, R.E.　24
Braunagel, J.S.　54
Buckland, M.K.　73
CD-ROM　174, 177, 181
Church, D.　83
CILIP　78
CiNii　194
CiNii Books　192
Clair, G.St.　88

Drucker, P.　86
DVD-ROM　174, 177, 181
Facebook　139
FAQ　138
GeNii　194
Google　7, 9, 80, 102, 129
Healy, R.W.　158
Hernon, P.　153
HTML　181
Jahoda, G.　53, 54
King, G.B.　62
Line, M.B.　47
LISTA　95
Machlup, F.　45

Marshall, A.P.　154
Menzel, H.　48
Mooers, C.N.　100
Mount, E.　52
NACSIS-CAT　191
NDL-OPAC　190
Ohio Reference Excellence Web-based Training　62
OPAC　122, 137, 167
OPAC2.0　140
Q&A　138
Rees, A.M.　41
Robinson, O.H.　153

RSS　103, 138
SDI　31, 103
SECI　199
SERVQUAL　91
SNS　139, 151
Straw, J.E.　64
Tiefel, V.E.　153
Twitter　139, 150
Ustream　150
Web2.0　140
Yahoo!　7, 9, 130
Yahoo! JAPAN　102

[シリーズ監修者]

　　高山正也　　前国立公文書館館長
　　たかやままさや　慶應義塾大学名誉教授

　　植松貞夫　　跡見学園女子大学文学部教授
　　うえまつさだお　筑波大学名誉教授

[編集責任者・執筆者]

　　山﨑久道（やまざき・ひさみち）

1946　東京都世田谷区に生まれる
1969　東京大学経済学部経済学科卒業
　　　株式会社三菱総合研究所，宮城大学，中央大学文学部教授を経て
現在　中央大学社会科学研究所
　　　博士（情報科学）東北大学
主著　『文献情報の蓄積・検索に利用されるファセット分析に基づくシソーラスの開発に関する研究』（博士論文），『情報貧国ニッポン』日外アソシエーツ，ほか

[執筆者]

　　大庭一郎（おおば・いちろう）

1966　茨城県水戸市に生まれる
1990　図書館情報大学図書館情報学部図書館情報学科卒業
1992　図書館情報大学大学院図書館情報学研究科修士課程修了
　　　筑波大学附属図書館，図書館情報大学図書館情報学部助手を経て
現在　筑波大学図書館情報メディア系講師
主著　『図書館情報学の創造的再構築』（共著）勉誠出版，『情報検索演習　新訂』（共著）東京書籍，『情報サービス概説　改訂』（共著）樹村房，『レファレンスサービス演習　改訂版』（共著）理想社，ほか

　　渋谷嘉彦（しぶや・よしひこ）

1944年生まれ
1967　早稲田大学第一文学部卒業
1968　図書館短期大学別科修了
　　　横浜国立大学附属図書館，図書館短期大学助手，相模女子大学学芸学部教授を経て
現在　相模女子大学名誉教授
主著　『情報サービス概説』（共著）樹村房，ほか

　　杉江典子（すぎえ・のりこ）

1971　大阪府に生まれる
1994　同志社女子大学学芸学部英文科卒業
2000　愛知淑徳大学文学研究科図書館情報学専攻修士課程修了
2003　慶應義塾大学大学院文学研究科図書館・情報学専攻後期博士課程単位取得満期退学
　　　駿河台大学を経て
現在　東洋大学文学部准教授
主著　「米国図書館協会による"reference transactions"の定義改訂とその背景」『情報アクセスの新たな展開』（共著）勉誠出版，（シリーズ図書館情報学のフロンティア，9），ほか

　　原田智子（はらだ・ともこ）

兵庫県神戸市に生まれる
学習院大学理学部化学科卒業
慶應義塾大学大学院文学研究科図書館・情報学専攻修士課程修了
（財）国際医学情報センター業務部文献調査課長，産能短期大学教授，鶴見大学文学部教授を経て
現在　鶴見大学寄附講座教授，鶴見大学名誉教授
主著　『三訂　情報検索演習』樹村房，『改訂レファレンスサービス演習』（共著）樹村房，『情報アクセスの新たな展開』（分担執筆）勉誠出版，『情報検索の知識と技術基礎編』（共著）情報科学技術協会，『図書館情報学基礎資料』（共著）樹村房，『改訂　情報サービス演習』（編著）樹村房，ほか

松下　鈞（まつした・ひとし）

1942　静岡市に生まれる
1968　上智大学文学部スコラ哲学科卒業
　　　国立音楽大学附属図書館主任司書・高度情報化センター主幹，東京藝術大学，千葉大学，獨協大学非常勤講師，藤女子大学教授を経て
現在　一般社団法人次世代コンテンツ推進機構代表理事，明治大学ユビキタスカレッジ講師
主著　『A Checklist of published instrumental music by Japanese composers』（編）Academia Music LTD.，『異文化交流と近代化：京都国際セミナー1996』（編）大空社，『電子化された情報と図書館』（編）紀伊國屋書店，『専門資料論』（共著）東京書籍，ほか

村上篤太郎（むらかみ・とくたろう）

1959　愛知県名古屋市に生まれる
1981　南山大学文学部教育学科卒業
　　　南山大学図書館，慶應義塾大学医学情報センター勤務を経て，慶應義塾大学湘南藤沢メディアセンター在職時に
1994　慶應義塾大学大学院文学研究科図書館・情報学専攻修士課程委託研究生修了
　　　慶應義塾大学三田メディアセンター課長，慶應義塾大学メディアセンター本部課長，慶應義塾大学湘南藤沢メディアセンター事務長を経て
現在　慶應義塾大学デジタルメディア・コンテンツ統合研究センター事務長
主著　『図書館情報資源概論』（共著）樹村房，ほか

現代図書館情報学シリーズ…5

情報サービス論

2012年4月6日　初版第1刷発行
2018年2月20日　初版第7刷

著者代表 © 山﨑久道
発行者　　大塚栄一

〈検印省略〉

発行所　株式会社　樹村房
　　　　　　　　　JUSONBO

〒112-0002
東京都文京区小石川5-11-7
電　話　03-3868-7321
ＦＡＸ　03-6801-5202
振　替　00190-3-93169
http://www.jusonbo.co.jp/

印刷　亜細亜印刷株式会社
製本　有限会社愛千製本所

ISBN978-4-88367-205-9　乱丁・落丁本は小社にてお取り替えいたします。

高山正也・植松貞夫　監修　**現代図書館情報学シリーズ**

[全12巻]

各巻 A 5 判　本体2,000円（税別）

▶本シリーズの各巻書名は，平成21(2009)年4月に公布された「図書館法施行規則の一部を改正する省令」で新たに掲げられた図書館に関する科目名に対応している。また，内容は，「司書資格取得のために大学において履修すべき図書館に関する科目の在り方について（報告）」（これからの図書館の在り方検討協力者会議）で示された〈ねらい・内容〉をもれなくカバーし，さらに最新の情報を盛り込みながら大学等における司書養成課程の標準的なテキストをめざして刊行するものである。

1　改訂 図書館概論　　　　　　高山正也・岸田和明／編集
2　図書館制度・経営論　　　　糸賀雅児・薬袋秀樹／編集
3　図書館情報技術論　　　　　杉本重雄／編集
4　図書館サービス概論　　　　宮部頼子／編集
5　情報サービス論　　　　　　山﨑久道／編集
6　児童サービス論　　　　　　植松貞夫・鈴木佳苗／編集
7　改訂 情報サービス演習　　　原田智子／編集
8　図書館情報資源概論　　　　高山正也・平野英俊／編集
9　改訂 情報資源組織論　　　　田窪直規／編集
10　改訂 情報資源組織演習　　　小西和信・田窪直規／編集
11　図書・図書館史　　　　　　佃　一可／編集
12　図書館施設論　　　　　　　植松貞夫／著

樹 村 房